AF364330

DEPRESIÓN
K.O. en el primer asalto

Depresión:
K.O. en el primer asalto

Miguel Ángel Segura

Grupo Editorial Segura
www.grupoeditorialsegura.com

Primera edición: Abril 2024.

©Miguel Ángel Segura.
©Grupo Editorial Segura
©Todos los derechos de edición reservados

ISBN: 978-84-128108-4-4
www.grupoeditorialsegura.com
Maquetación: ©Grupo Editorial Segura.
Diseño de cubierta: ©Grupo Editorial Segura

Depresión: K.O. en el primer asalto
Miguel Ángel Segura

¿Qué es la Depresión?

Entendiendo la Naturaleza de la Depresión

La depresión es una enfermedad compleja que afecta a millones de personas en todo el mundo, extendiéndose más allá de simples sentimientos de tristeza o desánimo temporal. Se caracteriza por una amplia gama de síntomas emocionales y físicos que impactan significativamente la calidad de vida de la persona afectada. Este trastorno mental no discrimina por edad, género, estatus socioeconómico o antecedentes culturales, haciendo de su comprensión y tratamiento un desafío global.

A nivel emocional, la depresión puede manifestarse como una sensación abrumadora de tristeza, vacío o desesperanza, que dura la mayor parte del día, casi todos los días, durante al menos dos semanas. A menudo, viene acompañada de una pérdida de interés o placer en actividades previamente disfrutadas, llevando a la persona a retirarse de sus relaciones y pasatiempos.

Desde una perspectiva física, puede provocar una variedad de

Depresión: K.O. en el primer asalto

Miguel Ángel Segura

problemas, desde alteraciones en el sueño y el apetito hasta una notable disminución de la energía y dolores sin causa aparente. La gravedad de estos síntomas puede variar ampliamente, pero incluso en sus formas más leves, la depresión puede erosionar la funcionalidad diaria y el bienestar.

Contrario a la creencia popular de que la depresión es simplemente un estado de ánimo negativo que se puede superar con voluntad, es importante reconocerla como lo que realmente es: una condición médica seria. Su origen es multifactorial, implicando una compleja interacción entre factores genéticos, bioquímicos, ambientales y psicológicos. Esta comprensión es esencial no solo para desmitificar la enfermedad, sino también para fomentar la empatía hacia quienes la padecen y destacar la importancia de buscar ayuda profesional.

La depresión es, por tanto, un enemigo formidable, pero no invencible. Con el tratamiento adecuado y el apoyo necesario, es posible recuperar el control y volver a encontrar la luz en la vida. Este capítulo inicial sienta las bases para una exploración más profunda de cómo la depresión afecta a la mente y al cuerpo, y cómo, a pesar de su poderosa sombra, podemos aprender a superarla.

Mitos y Realidades

En el camino hacia una comprensión integral de la depresión, es crucial desmantelar los mitos que la rodean, mitos que a menudo perpetúan el estigma y dificultan la búsqueda de ayuda. Estos mitos, arraigados en malentendidos y prejuicios, pueden aislar a quienes sufren y oscurecer el camino hacia la recuperación. A continuación, abordaremos algunos de los mitos más comunes, contrastándolos con las realidades para ofrecer una visión más clara y precisa de esta enfermedad.

Depresión: K.O. en el primer asalto
Miguel Ángel Segura

Mito 1: La depresión es simplemente estar triste.

Realidad: La depresión va mucho más allá de la tristeza ocasional. Es un trastorno del estado de ánimo que implica persistentes sentimientos de tristeza, vacío y desesperanza, combinados con síntomas físicos que pueden incluir cambios en el apetito o el sueño, fatiga y dolores sin explicación. La tristeza es una emoción humana normal; la depresión es una condición médica.

Mito 2: La depresión es una señal de debilidad personal.

Realidad: Este trastorno no es el resultado de una falta de fortaleza o carácter. Afecta a personas de todos los antecedentes y personalidades, incluso a aquellos percibidos como extremadamente 'fuertes'. La verdadera fortaleza radica en reconocer la necesidad de ayuda y buscarla.

Mito 3: Hablar sobre la depresión solo empeora las cosas.

Realidad: Compartir pensamientos y sentimientos, especialmente en un entorno de apoyo, es un paso crucial hacia la recuperación. El silencio y el aislamiento pueden intensificar la depresión, mientras que hablar al respecto puede ser liberador y es el primer paso para obtener la ayuda necesaria.

Mito 4: La depresión siempre es desencadenada por un evento traumático.

Realidad: Aunque los eventos traumáticos y el estrés pueden desencadenar la depresión en algunas personas, no es una regla universal. La depresión puede surgir sin un desencadenante claro, debido a factores genéticos, cambios en la química cerebral, enfermedades crónicas, medicamentos y otros factores desconocidos.

Mito 5: Si un familiar sufre de depresión, estoy destinado a padecerla.

Depresión: K.O. en el primer asalto
Miguel Ángel Segura

Realidad: Aunque la genética juega un rol en el riesgo de desarrollar depresión, no es determinante. Factores ambientales, estilos de vida y manejo del estrés también tienen un papel importante. Conocer el historial familiar puede ser útil para estar alerta y buscar intervenciones tempranas, pero no es un destino fijo.

Mito 6: La única solución para la depresión son los medicamentos.

Realidad: La medicación puede ser efectiva para algunos, pero no es la única opción. Terapias como la cognitivo-conductual, el ejercicio, cambios en el estilo de vida y estrategias de afrontamiento también han demostrado ser muy efectivos. La mejor aproximación es individual y puede incluir una combinación de tratamientos.

Desmentir estos mitos es fundamental para avanzar en la comprensión y el tratamiento de la depresión. Al separar la ficción de la realidad, podemos abrir las puertas a una mayor compasión, apoyo y, lo más importante, vías de recuperación efectivas para aquellos afectados por esta condición profundamente perturbadora.

La Depresión a lo Largo de la Historia

La depresión, en sus múltiples formas, ha sido reconocida a través de la historia, aunque la comprensión y el tratamiento de esta enfermedad han evolucionado significativamente con el tiempo. Esta retrospectiva histórica no solo proporciona un contexto para la comprensión actual de la depresión, sino que también destaca cómo la percepción social y médica de la enfermedad ha cambiado, influyendo en los enfoques de tratamiento y la aceptación social de quienes la padecen.

En la antigüedad, la depresión era a menudo vista a través de un

Depresión: K.O. en el primer asalto

Miguel Ángel Segura

prisma espiritual o místico. Los textos antiguos, desde la Biblia hasta los escritos de Hipócrates, reconocen estados que hoy podríamos clasificar como depresión, atribuyéndolos a desequilibrios de los fluidos corporales o la intervención de fuerzas sobrenaturales. Hipócrates, por ejemplo, teorizó que la melancolía (un término utilizado en ese entonces que tiene similitudes con la depresión moderna) era causada por un exceso de bilis negra, una de las cuatro "humores" que se creía equilibraban la salud humana.

Avanzando hacia la Edad Media y el Renacimiento, las explicaciones sobrenaturales se hicieron más comunes, con la depresión a menudo vista como resultado de la posesión demoníaca o la desfavorabilidad divina. Sin embargo, también hubo avances en la comprensión médica durante este período, con figuras como Robert Burton, quien en su obra "La anatomía de la melancolía" (1621), exploró las causas y tratamientos de la melancolía en un contexto más científico y menos religioso.

En el siglo XIX, con el advenimiento de la psiquiatría como disciplina médica, la depresión comenzó a ser vista más claramente como una condición médica, aunque los tratamientos seguían siendo primitivos y, a menudo, brutales. No fue sino hasta el siglo XX que el tratamiento y la comprensión de la depresión dieron pasos significativos hacia adelante, con el desarrollo de los primeros antidepresivos y la adopción de terapias psicológicas basadas en evidencia.

Hoy en día, la depresión es reconocida como un trastorno complejo influenciado por una combinación de factores genéticos, biológicos, ambientales y psicológicos. Los tratamientos han evolucionado para incluir una amplia gama de opciones, desde medicamentos y terapia hasta cambios en el estilo de vida y técnicas de manejo del estrés, reflejando un enfoque más holístico hacia la salud mental.

Depresión: K.O. en el primer asalto
Miguel Ángel Segura

Esta evolución histórica refleja no solo avances en la ciencia médica sino también cambios en la forma en que las sociedades comprenden y abordan la salud mental. Aunque aún queda mucho por hacer para desestigmatizar completamente la depresión, el conocimiento acumulado a lo largo de los siglos ofrece esperanza y dirección para aquellos que buscan entender y superar esta enfermedad.

El Impacto de la Depresión en la Mente

Cambios Cognitivos

La depresión afecta profundamente el funcionamiento cognitivo, alterando la manera en que pensamos, tomamos decisiones y percibimos el mundo a nuestro alrededor. Estos cambios cognitivos pueden ser tanto un síntoma como un factor contribuyente a la experiencia general de la depresión, creando un ciclo desafiante que afecta la calidad de vida y la capacidad para realizar tareas cotidianas.

Disminución de la Concentración y la Atención: Una de las afectaciones más comunes en personas que sufren de depresión es la dificultad para concentrarse. Los pensamientos pueden sentirse más lentos o difusos, dificultando la realización de tareas que antes se consideraban rutinarias. Esta neblina mental puede afectar el rendimiento laboral, los estudios y la capacidad para mantener conversaciones o leer.

Memoria: La depresión puede impactar tanto la memoria a corto como a largo plazo. Las personas pueden tener dificultades para

Depresión: K.O. en el primer asalto
Miguel Ángel Segura

recordar compromisos, lo que aprendieron o incluso detalles de su vida diaria. Este deterioro de la memoria no solo agrava la sensación de ineficacia, sino que también puede contribuir a la ansiedad y a un mayor aislamiento social.

Procesamiento de Información y Toma de Decisiones: Tomar decisiones, incluso las más simples, puede convertirse en una tarea abrumadora. La capacidad para sopesar opciones y anticipar consecuencias se ve comprometida, lo que puede llevar a la indecisión o a la evitación de decisiones por completo. Este aspecto de la depresión puede hacer que las personas se sientan paralizadas ante las elecciones cotidianas, incrementando la sensación de estar atrapadas en su situación.

Pensamiento Negativo: La depresión a menudo distorsiona el pensamiento, inclinando la balanza hacia lo negativo. Esto incluye una autoevaluación crítica excesiva, expectativas pesimistas del futuro y una interpretación negativa de las experiencias. Este sesgo cognitivo negativo refuerza los sentimientos de desesperanza y falta de valor, alimentando el ciclo depresivo.

Rumia: La tendencia a rumiar, o pensar obsesivamente en los problemas y preocupaciones, sin llegar a una solución, es común en la depresión. Este patrón de pensamiento no solo perpetúa el estado de ánimo depresivo, sino que también puede interferir con la capacidad de afrontar efectivamente los desafíos, llevando a un mayor sentimiento de impotencia.

Estos cambios cognitivos subrayan la importancia de abordar la depresión como un trastorno que afecta integralmente a la persona, no solo en su dimensión emocional sino también en su capacidad de pensar y funcionar. El tratamiento efectivo de la depresión, por lo

Depresión: K.O. en el primer asalto

Miguel Ángel Segura

tanto, a menudo requiere una combinación de estrategias que no solo abordan los síntomas emocionales sino que también ayudan a mejorar el funcionamiento cognitivo. La terapia cognitivo-conductual, por ejemplo, es un enfoque de tratamiento que se ha demostrado eficaz para modificar los patrones de pensamiento negativo y mejorar la claridad mental y la toma de decisiones.

Emociones y Depresión

La depresión, en su esencia, es un trastorno del estado de ánimo, profundamente arraigado en las emociones humanas. Aunque se caracteriza comúnmente por sentimientos de tristeza, vacío y desesperanza, su espectro emocional es mucho más amplio y complejo. Esta complejidad emocional no solo define la experiencia de la depresión sino que también contribuye a su naturaleza engañosa y difícil de comprender para aquellos que nunca la han experimentado.

Tristeza Profunda y Persistente: Al centro de la depresión se encuentra una tristeza que va más allá de lo que la mayoría de las personas experimenta en su vida cotidiana. Es un dolor emocional profundo que persiste durante semanas, meses o incluso años, y no siempre es resultado de una situación o evento específico. Esta tristeza puede sentirse como un peso constante, una sombra que oscurece todas las experiencias.

Sentimientos de Vacío y Desconexión: Muchos describen un sentido de vacío interno, una falta de plenitud que no puede ser llenada con actividades, relaciones o logros. Este vacío a menudo va acompañado de una sensación de desconexión del mundo, como si se observara la vida desde el exterior, incapaz de participar plenamente o experimentar alegría.

Depresión: K.O. en el primer asalto
Miguel Ángel Segura

Desesperanza y Pesimismo: Un aspecto distintivo de la depresión es la pérdida de esperanza en el futuro. Las personas pueden creer que sus circunstancias nunca mejorarán, que todos sus esfuerzos son en vano. Este pesimismo no solo mina la motivación para buscar ayuda o hacer cambios sino que también refuerza la permanencia de la depresión.

Irritabilidad y Frustración: Aunque menos reconocido, la irritabilidad es un síntoma común de la depresión. Puede manifestarse en una menor tolerancia a las pequeñas molestias diarias o en arrebatos de enojo. Esta irritabilidad, especialmente en hombres y jóvenes, puede ser una señal de alerta de depresión no reconocida.

Culpa y Auto-Desprecio: La depresión a menudo distorsiona la autoimagen, llevando a intensos sentimientos de inutilidad o culpa. Las personas pueden culparse irracionalmente por situaciones fuera de su control o criticarse duramente por percibidas fallas o errores. Este auto-desprecio alimenta un ciclo de baja autoestima y aislamiento social.

Estas dimensiones emocionales de la depresión subrayan su naturaleza debilitante y la necesidad de enfoques terapéuticos que aborden no solo los síntomas físicos y cognitivos sino también el dolor emocional. La terapia psicológica, como la terapia cognitivo-conductual (TCC) y la terapia de aceptación y compromiso (TAC), ofrece estrategias para manejar estos desafíos emocionales, ayudando a las personas a reconstruir su conexión con el mundo y consigo mismas, y a encontrar caminos hacia la esperanza y la recuperación.

Patrones de Pensamiento Negativo

Una característica definitoria de la depresión es la prevalencia

Depresión: K.O. en el primer asalto
Miguel Ángel Segura

de patrones de pensamiento negativo, un fenómeno que no solo es un síntoma sino que también contribuye a la perpetuación y profundización del trastorno. Estos patrones cognitivos distorsionados afectan cómo las personas interpretan su entorno, a sí mismas y a su futuro, creando un ciclo vicioso que puede ser difícil de romper sin ayuda externa.

Filtración Negativa: Este patrón implica centrarse exclusivamente en los aspectos negativos de una situación, ignorando cualquier elemento positivo. Como resultado, incluso las experiencias neutras o positivas pueden ser percibidas como negativas, porque la mente filtra y da prioridad a la información que confirma la visión negativa del mundo de la persona.

Pensamiento Catastrófico: La tendencia a anticipar el peor escenario posible, incluso cuando hay poca o ninguna evidencia para apoyar tal resultado. Este patrón lleva a una ansiedad significativa y a evitar situaciones que, aunque potencialmente beneficiosas o neutrales, son vistas como amenazantes.

Generalización Excesiva: A partir de un solo evento negativo, se asume un patrón de fracaso constante. Por ejemplo, un pequeño rechazo o fracaso se convierte en una "prueba" de incapacidad permanente o de ser inherentemente defectuoso, generalizando así un evento aislado a toda la vida de la persona.

Personalización: Consiste en asumir la responsabilidad personal, incluso por situaciones que están fuera del control del individuo. Este patrón puede llevar a la culpa indebida por eventos negativos o a sentirse el objetivo de acciones y eventos que, en realidad, son impersonales o aleatorios.

Depresión: K.O. en el primer asalto
Miguel Ángel Segura

Polarización: Ver las cosas en términos extremos, sin matices o términos medios; es el fenómeno del "todo o nada". En este estado mental, las personas se ven a sí mismas, a los demás y a su mundo en extremos de bueno o malo, éxito o fracaso, sin espacio para la complejidad o la ambigüedad.

Estos patrones de pensamiento negativo no solo son debilitantes por sí mismos, sino que también interfieren con la efectividad de los tratamientos para la depresión. Afortunadamente, son precisamente estos patrones los que muchas formas de terapia buscan abordar. La terapia cognitivo-conductual (TCC), en particular, es efectiva para identificar, cuestionar y modificar estos patrones de pensamiento negativo. Mediante técnicas como la reestructuración cognitiva, la TCC ayuda a las personas a desarrollar una perspectiva más equilibrada y menos distorsionada de sí mismas, de su entorno y de su futuro, sentando las bases para una recuperación duradera de la depresión.

La Depresión y el Cuerpo

Síntomas Físicos de la Depresión

La depresión es a menudo vista primordialmente como un trastorno del estado de ánimo, asociado con la tristeza y el desánimo. Sin embargo, su impacto va más allá de lo emocional y psicológico, manifestándose también en una variedad de síntomas físicos. Estos síntomas pueden ser tan debilitantes como los emocionales y complican aún más el diagnóstico y tratamiento de la depresión. Aquí exploramos cómo la depresión afecta el cuerpo, resaltando la íntima conexión entre mente y cuerpo.

Fatiga y Pérdida de Energía: Uno de los síntomas físicos más comunes de la depresión es una fatiga persistente, que no se alivia con el descanso o el sueño. Esta falta de energía puede ser abrumadora, afectando la capacidad para llevar a cabo tareas cotidianas y reduciendo significativamente la calidad de vida.

Cambios en el Apetito y el Peso: La depresión puede alterar significativamente los hábitos alimenticios, llevando a una pérdi-

Depresión: K.O. en el primer asalto
Miguel Ángel Segura

da o aumento de peso no intencionados. Algunas personas pueden experimentar una pérdida de apetito y un desinterés en la comida, mientras que otras pueden comer en exceso como una forma de consuelo o para escapar de sus sentimientos.

Dolor y Malestar General: Es común que quienes sufren de depresión experimenten dolores crónicos, dolores de cabeza, molestias musculares y otros síntomas físicos sin una causa médica aparente. Estos síntomas dolorosos no solo son difíciles de manejar, sino que también pueden ser malinterpretados, retrasando el diagnóstico de depresión.

Trastornos del Sueño: La depresión frecuentemente perturba los patrones de sueño, resultando en insomnio o hipersomnia. El insomnio, o la dificultad para dormir, es particularmente común, exacerbando la fatiga diurna y la falta de energía. Por otro lado, algunas personas pueden encontrarse durmiendo excesivamente, un estado conocido como hipersomnia, que también impacta negativamente la salud y el bienestar.

Problemas Digestivos: Los síntomas de la depresión también pueden incluir problemas digestivos, como náuseas, diarrea o estreñimiento. Estos problemas a menudo son acompañados de ansiedad, creando un ciclo en el que la salud mental y física se afectan mutuamente.

La manifestación de estos síntomas físicos subraya la importancia de un enfoque integral en el tratamiento de la depresión. Reconocer y tratar los síntomas físicos junto con los psicológicos es crucial para la recuperación completa. Este enfoque integral no solo ayuda a mejorar la calidad de vida, sino que también ofrece una mayor comprensión de la depresión como una condición que afecta todo el ser,

Depresión: K.O. en el primer asalto
Miguel Ángel Segura

subrayando la inseparable conexión entre la mente y el cuerpo.

Depresión y Sistema Inmunológico

La interacción entre la depresión y el sistema inmunológico es un área de creciente interés en la investigación médica, revelando conexiones complejas entre la salud mental y la función inmune. La depresión no solo afecta la mente y el ánimo, sino que también puede tener un impacto significativo en la capacidad del cuerpo para combatir infecciones y enfermedades, sugiriendo que el bienestar emocional y la salud física están profundamente entrelazados.

Alteración de la Respuesta Inmunitaria: Investigaciones han encontrado que la depresión puede alterar la función del sistema inmunológico, incluida la disminución de la actividad de las células inmunitarias que combaten las infecciones y una respuesta inflamatoria elevada. Estas alteraciones pueden hacer que el cuerpo sea más susceptible a infecciones y pueden prolongar el tiempo de recuperación de enfermedades.

Inflamación Crónica: La depresión se ha asociado con niveles elevados de citocinas inflamatorias, moléculas que promueven la inflamación. Si bien la inflamación es una respuesta inmune natural a las infecciones y heridas, la inflamación crónica puede dañar los tejidos y ha sido vinculada a una amplia gama de condiciones de salud, incluyendo enfermedades cardíacas, diabetes y artritis. Esta relación bidireccional sugiere que la inflamación no solo puede ser una consecuencia de la depresión sino también un factor contribuyente a su desarrollo.

Impacto en la Salud General: La depresión, a través de su efecto en el sistema inmunológico, puede contribuir al deterioro de la

Depresión: K.O. en el primer asalto
Miguel Ángel Segura

salud general. Las personas con depresión tienen un riesgo más alto de desarrollar enfermedades crónicas, y aquellas con enfermedades crónicas tienen un riesgo más alto de desarrollar depresión, creando un ciclo de salud deteriorante que puede ser difícil de romper.

Recuperación y Tratamiento: La comprensión de cómo la depresión afecta el sistema inmunológico subraya la importancia de abordar la salud mental y física de manera integrada. El tratamiento de la depresión con terapias psicológicas, medicamentos y cambios en el estilo de vida no solo puede mejorar la salud mental, sino también fortalecer la respuesta inmunitaria y reducir la inflamación, mejorando así la salud general. Además, estrategias que promueven la salud inmune, como una dieta equilibrada, ejercicio regular y manejo del estrés, también pueden ser beneficiosas para aliviar los síntomas de la depresión.

Esta relación entre la depresión y el sistema inmunológico destaca la necesidad de un enfoque holístico en el tratamiento de la depresión, considerando no solo su impacto psicológico sino también las consecuencias físicas, para promover un bienestar integral.

El Sueño y la Depresión

La relación entre el sueño y la depresión es compleja y bidireccional. La depresión puede causar problemas significativos con el sueño, y a su vez, la falta de sueño adecuado puede agravar los síntomas de la depresión. Esta interacción subraya la importancia del sueño en la regulación del estado de ánimo y la salud mental en general.

Insomnio: Uno de los problemas de sueño más comunes asociados con la depresión es el insomnio, que incluye dificultades

Depresión: K.O. en el primer asalto

Miguel Ángel Segura

para conciliar el sueño, permanecer dormido durante la noche o despertarse demasiado temprano por la mañana. El insomnio no solo empeora los síntomas de la depresión, sino que también puede aumentar el riesgo de desarrollarla. El cerebro utiliza el sueño para procesar emociones y eventos del día, y sin suficiente descanso, la capacidad para manejar el estrés y mantener el equilibrio emocional se ve comprometida.

Hipersomnia: En contraste con el insomnio, algunas personas con depresión experimentan hipersomnia, o exceso de sueño. Pueden dormir mucho más de lo normal, sentirse somnolientos durante el día o tener dificultades para despertarse. Aunque dormir más puede parecer beneficioso, la hipersomnia puede ser igualmente perjudicial, afectando la calidad de vida y el funcionamiento diario.

Calidad del Sueño: Más allá de la cantidad de sueño, la depresión también puede afectar la calidad del sueño. Los trastornos del sueño, como el sueño no reparador, donde la persona se despierta sintiéndose cansada y sin energía a pesar de dormir un número suficiente de horas, son comunes. La calidad del sueño impacta directamente en el bienestar emocional y físico, siendo esencial para la recuperación de la depresión.

Tratamiento y Estrategias de Manejo: Abordar los problemas del sueño es un componente crítico en el tratamiento de la depresión. Las estrategias pueden incluir mantener una rutina de sueño regular, limitar la exposición a pantallas antes de dormir, y crear un ambiente propicio para el descanso. En algunos casos, puede ser necesario el uso de terapias específicas para el sueño, como la terapia cognitivo-conductual para el insomnio (TCC-I), o incluso medicamentos, bajo la supervisión de un profesional de la salud.

Depresión: K.O. en el primer asalto

Miguel Ángel Segura

Conclusión: La interconexión entre el sueño y la depresión destaca la necesidad de un enfoque holístico en el tratamiento, donde se considere la salud mental y física como partes integrantes del bienestar general. Mejorar la calidad y la cantidad del sueño puede ser un paso crucial hacia la recuperación de la depresión, demostrando una vez más la profunda conexión entre nuestro cuerpo y nuestra mente.

El Cerebro Depresivo

Neuroquímica de la Depresión

El cerebro humano es un órgano extraordinariamente complejo, responsable de nuestras emociones, pensamientos y comportamientos. En el núcleo de la depresión se encuentran cambios significativos en la neuroquímica del cerebro, afectando cómo se comunican las neuronas entre sí y, en última instancia, cómo nos sentimos y actuamos. Comprender la neuroquímica de la depresión es crucial para desentrañar los misterios de este trastorno y desarrollar tratamientos efectivos.

Desbalance de Neurotransmisores: La depresión ha sido tradicionalmente asociada con un desequilibrio en ciertos neurotransmisores, las sustancias químicas que transmiten señales a través del cerebro. Los más implicados en la depresión incluyen la serotonina, noradrenalina y dopamina. Estos neurotransmisores juegan roles cruciales en la regulación del ánimo, el placer, el sueño, el apetito y la motivación. Un desequilibrio en estas sustancias puede conducir a los síntomas característicos de la depresión.

Depresión: K.O. en el primer asalto
Miguel Ángel Segura

Sistema de Recompensa y Motivación: La depresión también afecta el sistema de recompensa del cerebro, una red de vías neurales que regula la motivación y el placer. Cuando este sistema no funciona correctamente, actividades antes placenteras dejan de serlo, un fenómeno conocido como anhedonia. La disfunción en el sistema de recompensa puede hacer que tareas cotidianas parezcan insuperables y que la vida pierda su color.

Efecto de los Antidepresivos: Los medicamentos antidepresivos, como los inhibidores selectivos de la recaptación de serotonina (ISRS), trabajan al modificar la concentración de neurotransmisores en el cerebro. Aunque no son una solución universal y no funcionan de la misma manera para todos, pueden ser eficaces en aliviar los síntomas de la depresión para muchas personas al ajustar el equilibrio químico del cerebro.

Investigaciones Recientes: La investigación moderna está ampliando nuestra comprensión de la neuroquímica de la depresión, sugiriendo que la historia es más compleja de lo que se creía anteriormente. Se están explorando factores como la neuroinflamación, el estrés oxidativo y los cambios en la plasticidad neuronal para entender cómo estos pueden contribuir a la depresión y abrir nuevas vías para tratamientos más efectivos y personalizados.

La neuroquímica de la depresión subraya la importancia de un enfoque biopsicosocial para el tratamiento, reconociendo que la depresión es el resultado de una compleja interacción de factores biológicos, psicológicos y ambientales. A medida que la ciencia avanza, nuestra comprensión de estos procesos mejora, ofreciendo esperanza para terapias más efectivas y una mayor comprensión y empatía hacia aquellos que luchan contra la depresión.

Depresión: K.O. en el primer asalto

Miguel Ángel Segura

Áreas Cerebrales Afectadas

El cerebro es un órgano de inmensa complejidad, compuesto por billones de neuronas que se comunican a través de intrincadas redes. En la depresión, ciertas áreas del cerebro muestran cambios en su actividad, estructura y cómo se comunican entre sí. Identificar estas áreas nos ayuda a comprender mejor los mecanismos subyacentes de la depresión y cómo puede afectar nuestra capacidad para procesar emociones, tomar decisiones y percibir el mundo a nuestro alrededor.

Corteza Prefrontal: Esta región del cerebro es crucial para la toma de decisiones, la regulación emocional y el pensamiento crítico. En personas con depresión, la corteza prefrontal a menudo muestra una actividad reducida, lo que puede contribuir a la dificultad para concentrarse, tomar decisiones y mantener una perspectiva positiva de la vida.

Hipocampo: El hipocampo juega un papel vital en la formación de recuerdos y en la regulación de las emociones. Estudios han mostrado que el estrés crónico, un factor de riesgo común para la depresión, puede llevar a una disminución del volumen del hipocampo. Esta reducción puede influir en cómo las personas con depresión procesan emociones y recuerdos, potencialmente contribuyendo a patrones de pensamiento negativos y a la rumiación.

Amígdala: La amígdala es una parte del sistema límbico involucrada en el procesamiento de emociones, como el miedo y el placer. En la depresión, la amígdala puede mostrar una actividad aumentada, lo que puede llevar a una respuesta emocional intensificada a eventos negativos y a una mayor sensibilidad al estrés.

Sistema Límbico: Más ampliamente, el sistema límbico,

Depresión: K.O. en el primer asalto
Miguel Ángel Segura

que incluye la amígdala y el hipocampo, entre otras regiones, está profundamente implicado en la regulación del estado de ánimo y las emociones. Cambios en la forma en que estas áreas interactúan pueden desempeñar un papel clave en los síntomas emocionales de la depresión.

Tálamo: El tálamo actúa como un centro de retransmisión para la información sensorial que se dirige al cerebro. Cambios en la actividad del tálamo pueden afectar cómo las personas con depresión procesan y responden a la información sensorial, lo que podría explicar por qué algunos experimentan una sensibilidad aumentada o disminuida a estímulos ambientales.

El entendimiento de cómo la depresión afecta específicamente estas áreas cerebrales y sus interconexiones está en constante evolución. Las técnicas de imagen cerebral como la resonancia magnética funcional (fMRI) y la tomografía por emisión de positrones (PET) han sido instrumentales en este campo de investigación, proporcionando insights valiosos que ayudan a guiar el desarrollo de terapias más efectivas. Este enfoque basado en la neurociencia de la depresión subraya la importancia de tratamientos que no solo se dirijan a los síntomas, sino que también aborden las alteraciones subyacentes en la estructura y función del cerebro.

Depresión y Plasticidad Neuronal

La plasticidad neuronal, o la capacidad del cerebro para cambiar y adaptarse en respuesta a experiencias nuevas, es un concepto fundamental en la neurociencia moderna. Esta capacidad de cambio no solo es crucial para el aprendizaje y la memoria, sino que también juega un papel significativo en la depresión. La investigación ha mostrado que la depresión puede influir negativamente en la plastici-

Depresión: K.O. en el primer asalto
Miguel Ángel Segura

dad neuronal, impactando la forma en que el cerebro se adapta y responde a su entorno.

Reducción de la Neurogénesis: La neurogénesis, el proceso por el cual se generan nuevas neuronas, especialmente en el hipocampo, es esencial para la salud mental. En la depresión, se ha observado una reducción de la neurogénesis, lo que puede contribuir a los problemas de memoria y cognición asociados con el trastorno. Este fenómeno resalta la importancia de estrategias que promuevan la generación de nuevas neuronas como parte del tratamiento.

Alteraciones en las Dendritas: Las dendritas son extensiones de las neuronas que juegan un papel clave en la comunicación entre células cerebrales. La depresión puede llevar a una reducción en la densidad y complejidad dendrítica, especialmente en áreas del cerebro como la corteza prefrontal y el hipocampo. Estos cambios pueden afectar la eficiencia de la comunicación neuronal y, por tanto, la capacidad para procesar y responder adecuadamente a estímulos emocionales y cognitivos.

Impacto en los Circuitos Neuronales: La plasticidad neuronal implica no solo la formación de nuevas neuronas y conexiones sino también la reorganización de redes neuronales existentes. La depresión puede afectar la fortaleza y eficacia de estas redes, especialmente aquellas involucradas en el control del estado de ánimo y el pensamiento emocional. Esto puede resultar en un procesamiento emocional alterado y una mayor susceptibilidad a estados de ánimo negativos.

Relevancia para el Tratamiento: Entender el impacto de la depresión en la plasticidad neuronal abre nuevas vías para el tratamiento. Intervenciones que fomentan la plasticidad cerebral, como el

Depresión: K.O. en el primer asalto
Miguel Ángel Segura

ejercicio físico, la estimulación cognitiva y ciertos tipos de terapia psicológica, pueden ser particularmente beneficiosas. Además, algunos medicamentos antidepresivos han demostrado promover la neurogénesis y la plasticidad neuronal, ofreciendo no solo alivio de los síntomas sino también potencialmente reverciendo algunos de los efectos negativos de la depresión en la estructura y función cerebral.

Hacia un Futuro de Esperanza: La investigación en la relación entre depresión y plasticidad neuronal está en curso, ofreciendo esperanzas para tratamientos más efectivos y personalizados. Al entender cómo la depresión altera la arquitectura y dinámica del cerebro, los científicos y médicos pueden desarrollar estrategias más efectivas para no solo tratar los síntomas de la depresión sino también promover una recuperación duradera y mejorar la resiliencia cerebral frente a futuros desafíos.

Tipos de Depresión

Depresión Mayor

La depresión mayor, también conocida como trastorno depresivo mayor, es uno de los tipos más conocidos y severos de depresión. Se caracteriza por episodios intensos y prolongados de tristeza, desesperanza y una falta de interés en actividades anteriormente disfrutadas. Estos episodios pueden tener un impacto significativo en la capacidad de una persona para funcionar en su vida diaria.

Síntomas: Los síntomas de la depresión mayor van más allá de sentirse triste o pasar por un periodo de duelo. Incluyen cambios significativos en el apetito o el peso, trastornos del sueño, fatiga, sentimientos de inutilidad o culpa excesiva, dificultades para concentrarse, y pensamientos recurrentes de muerte o suicidio. Para ser diagnosticado con depresión mayor, estos síntomas deben persistir durante al menos dos semanas y representar un cambio notable respecto al funcionamiento anterior del individuo.

Causas: Aunque la causa exacta de la depresión mayor es

Depresión: K.O. en el primer asalto
Miguel Ángel Segura

desconocida, se cree que resulta de una combinación de factores genéticos, bioquímicos, ambientales y psicológicos. Eventos de vida estresantes, como la pérdida de un ser querido, problemas financieros, o un divorcio, pueden desencadenar un episodio de depresión mayor en personas con predisposición a este trastorno.

Tratamiento: El tratamiento para la depresión mayor a menudo incluye una combinación de medicamentos antidepresivos y terapia psicológica. Los antidepresivos pueden ayudar a ajustar el desequilibrio químico en el cerebro que contribuye a los síntomas de la depresión, mientras que la terapia puede proporcionar herramientas para manejar los pensamientos y comportamientos negativos. En algunos casos, cuando la depresión es resistente a estos tratamientos, pueden considerarse opciones adicionales como la terapia electroconvulsiva (TEC) o la estimulación magnética transcraneal (EMT).

Importancia del Apoyo: Además del tratamiento profesional, el apoyo de amigos, familiares y grupos de apoyo puede ser invaluable para alguien que sufre de depresión mayor. Este apoyo puede ofrecer un sentido de comunidad y comprensión, y animar a la persona a continuar con su tratamiento y recuperación.

La depresión mayor es un trastorno serio pero tratable. Reconocer los síntomas y buscar ayuda temprana son pasos cruciales hacia la recuperación. Con el tratamiento adecuado, la mayoría de las personas pueden superar la depresión mayor y retomar una vida plena y satisfactoria.

Depresión Persistente (Distimia)

La depresión persistente, anteriormente conocida como distimia, es un tipo de depresión que, aunque menos intensa que la depre-

Depresión: K.O. en el primer asalto
Miguel Ángel Segura

sión mayor, se caracteriza por su duración prolongada. Las personas con depresión persistente experimentan síntomas depresivos la mayor parte del día, más días que no, durante al menos dos años. A diferencia de la depresión mayor, donde los síntomas pueden ser severos pero relativamente breves, la depresión persistente afecta a las personas de manera continua a un nivel más bajo.

Síntomas: Los síntomas de la depresión persistente incluyen un estado de ánimo deprimido, pérdida de interés en actividades diarias, cambios en el apetito, problemas de sueño, baja energía, baja autoestima, dificultades de concentración o toma de decisiones, y sentimientos de desesperanza. Aunque los síntomas son menos graves que en la depresión mayor, su constancia puede ser extremadamente debilitante y afectar significativamente la calidad de vida del individuo.

Causas: La causa exacta de la depresión persistente es desconocida, pero se cree que resulta de una combinación de factores biológicos, genéticos y ambientales. Los patrones de pensamiento negativos y crónicos, junto con eventos vitales estresantes o traumáticos, pueden contribuir al desarrollo de este trastorno.

Tratamiento: El tratamiento para la depresión persistente puede incluir medicamentos, como los antidepresivos, y la terapia psicológica. La terapia cognitivo-conductual (TCC) y la terapia interpersonal (TIP) son particularmente efectivas para ayudar a las personas a cambiar los patrones de pensamiento negativos y mejorar las habilidades de afrontamiento. Dado que la depresión persistente es de larga duración, el tratamiento también puede ser un compromiso a largo plazo, enfocado tanto en el manejo de los síntomas como en mejorar la calidad de vida general.

Depresión: K.O. en el primer asalto
Miguel Ángel Segura

Desafíos Únicos: Uno de los principales desafíos de la depresión persistente es que las personas que la padecen a menudo la ven como una parte inalterable de su carácter, en lugar de un trastorno tratable. Esto puede hacer que sean reticentes a buscar ayuda y a creer en la posibilidad de mejora. Además, debido a la naturaleza crónica de la condición, es común que desarrollen mecanismos de afrontamiento que pueden no ser saludables, como el aislamiento social.

La depresión persistente requiere un enfoque compasivo y paciente, tanto por parte de los profesionales de la salud como de los seres queridos del individuo. Aunque el camino hacia la recuperación puede ser largo, el tratamiento adecuado y el apoyo continuo pueden hacer una gran diferencia en la vida de quienes sufren este tipo de depresión. La esperanza y la mejora son posibles con el compromiso hacia la búsqueda de ayuda y el trabajo conjunto hacia el bienestar.

Trastorno Bipolar y Depresión

El trastorno bipolar, anteriormente conocido como trastorno maníaco-depresivo, es un trastorno del estado de ánimo que se caracteriza por cambios dramáticos en el estado de ánimo, la energía y la capacidad para realizar tareas diarias. Estos cambios incluyen episodios de manía o hipomanía (un estado elevado o irritable de ánimo) alternando con episodios de depresión. Aunque la manía es el sello distintivo del trastorno bipolar, los períodos de depresión suelen ser más prolongados y pueden ser particularmente debilitantes.

Síntomas Durante los Episodios Depresivos: Durante un episodio depresivo en el contexto del trastorno bipolar, los individuos pueden experimentar síntomas similares a los de la depresión mayor, como sentimientos persistentes de tristeza, vacío, desesperanza, falta

Depresión: K.O. en el primer asalto
Miguel Ángel Segura

de energía, dificultades para dormir, cambios en el apetito, problemas de concentración, y pensamientos de muerte o suicidio.

Diagnóstico y Diferenciación: Diagnosticar el trastorno bipolar puede ser complejo, especialmente porque los episodios depresivos pueden ser similares a los de la depresión unipolar (depresión mayor). La clave para un diagnóstico preciso es la identificación de episodios de manía o hipomanía. A veces, este diagnóstico solo se alcanza después de un seguimiento a largo plazo de los patrones del estado de ánimo del individuo.

Tratamiento: El tratamiento del trastorno bipolar generalmente requiere un enfoque integral que puede incluir medicación, como estabilizadores del estado de ánimo, antipsicóticos y antidepresivos, junto con terapia psicológica. La terapia cognitivo-conductual (TCC) y la terapia centrada en la familia son ejemplos de intervenciones psicoterapéuticas que pueden ser efectivas. Además, es crucial para las personas con trastorno bipolar mantener un estilo de vida saludable, incluyendo rutinas regulares de sueño, ejercicio y una dieta equilibrada.

Importancia de la Educación y el Apoyo: La educación sobre el trastorno, tanto para el individuo afectado como para sus seres queridos, es un componente esencial del manejo de la enfermedad. Comprender la naturaleza del trastorno bipolar y cómo manejar los cambios en el estado de ánimo puede ayudar a prevenir episodios futuros o reducir su gravedad. Los grupos de apoyo y las redes de apoyo social también juegan un papel vital en proporcionar un espacio seguro para compartir experiencias y estrategias de afrontamiento.

El trastorno bipolar es un desafío de por vida que requiere un

Depresión: K.O. en el primer asalto
Miguel Ángel Segura

manejo cuidadoso y continuo. Sin embargo, con el tratamiento y el apoyo adecuados, las personas con trastorno bipolar pueden llevar vidas plenas y satisfactorias, demostrando que la resiliencia y la recuperación son posibles incluso frente a las fluctuaciones extremas del estado de ánimo.

Causas y Factores de Riesgo

Genética y Depresión

La relación entre la genética y la depresión es un área de investigación intensiva que ha revelado una conexión significativa, aunque compleja. Aunque no existe un único "gen de la depresión", la evidencia sugiere que la predisposición genética juega un papel importante en el riesgo de desarrollar este trastorno.

Herencia Familiar: Los estudios de familias, gemelos y adopciones han mostrado que la depresión tiene un componente hereditario. Si tienes un familiar de primer grado (padres, hermanos) que ha sufrido depresión, tu riesgo de experimentar el trastorno es aproximadamente el doble del riesgo general. Sin embargo, el hecho de tener una historia familiar de depresión no garantiza que una persona desarrollará el trastorno, lo que indica que otros factores, tanto genéticos como ambientales, están en juego.

Poligenética: La investigación sugiere que la depresión es un trastorno poligénico, lo que significa que está influenciada por

Depresión: K.O. en el primer asalto
Miguel Ángel Segura

variaciones en múltiples genes, cada uno contribuyendo con un pequeño efecto al riesgo general. Estos genes pueden influir en varios aspectos del funcionamiento cerebral y la respuesta al estrés, aumentando la susceptibilidad a la depresión bajo ciertas condiciones ambientales.

Interacción Gen-Ambiente: La teoría de la interacción gen-ambiente propone que la presencia de ciertos genes puede hacer que una persona sea más vulnerable a desarrollar depresión en respuesta a eventos de vida estresantes o traumáticos. Por ejemplo, las variaciones en el gen que codifica para el transportador de serotonina (a menudo referido como el gen "5-HTTLPR") han sido asociadas con una mayor sensibilidad a los efectos del estrés.

Avances en la Investigación Genética: Los estudios de asociación del genoma completo (GWAS) han identificado varias regiones genéticas asociadas con la depresión. Aunque estos descubrimientos son prometedores, la comprensión completa de cómo estos genes afectan el riesgo de depresión y su interacción con los factores ambientales sigue siendo un campo en desarrollo.

Implicaciones para el Tratamiento y la Prevención: Entender el papel de la genética en la depresión puede tener implicaciones importantes para el desarrollo de tratamientos personalizados y estrategias de prevención. Aunque actualmente no se utilizan pruebas genéticas de rutina para predecir la depresión, el avance en la genética y la medicina personalizada podría cambiar esto en el futuro, ofreciendo intervenciones más específicas basadas en el perfil genético individual.

La genética es solo una pieza del complejo rompecabezas de la depresión. Reconocer la interacción entre los genes y el ambiente es

Depresión: K.O. en el primer asalto

Miguel Ángel Segura

crucial para comprender la naturaleza multifacética de este trastorno y para desarrollar enfoques efectivos para su tratamiento y prevención.

Eventos Vitales Traumáticos

Los eventos vitales traumáticos y el estrés crónico son factores de riesgo significativos para el desarrollo de la depresión. Estos eventos pueden variar ampliamente en naturaleza y gravedad, incluyendo la pérdida de un ser querido, el divorcio, el trauma infantil, el desempleo, o incluso desastres naturales y conflictos bélicos. La forma en que estos eventos influyen en el riesgo de depresión puede depender de varios factores, incluyendo la resiliencia individual, el apoyo social disponible y la presencia de otros factores de riesgo.

Impacto del Estrés y el Trauma: La exposición a eventos traumáticos puede tener un profundo impacto en el cerebro y el cuerpo. Estos eventos pueden desencadenar una cascada de respuestas fisiológicas y emocionales diseñadas para ayudar a una persona a manejar y sobrevivir al estrés. Sin embargo, cuando estas respuestas se activan de manera crónica o abrumadora, pueden contribuir al desarrollo de la depresión. El estrés crónico, por ejemplo, puede afectar negativamente la función del eje hipotálamo-pituitaria-adrenal (HPA), un componente crítico de la respuesta del cuerpo al estrés, lo que a su vez puede afectar la neuroquímica cerebral y promover la depresión.

Vulnerabilidad y Resiliencia: La relación entre los eventos traumáticos y la depresión no es directa. Algunas personas experimentan eventos extremadamente estresantes o traumáticos y no desarrollan depresión, mientras que otras pueden verse profundamente afectadas por eventos relativamente menores. Esto subraya la impor-

Depresión: K.O. en el primer asalto
Miguel Ángel Segura

tancia de factores como la vulnerabilidad genética, las experiencias previas, los mecanismos de afrontamiento y el apoyo social en determinar quién desarrollará depresión tras enfrentar adversidades.

Repercusiones a Largo Plazo: Los eventos traumáticos, especialmente aquellos que ocurren durante la infancia, como el abuso físico o emocional, el abandono o la pérdida temprana de un padre, pueden tener repercusiones a largo plazo en la salud mental. Estas experiencias pueden alterar el desarrollo del cerebro y aumentar la susceptibilidad a la depresión más adelante en la vida.

Intervenciones y Apoyo: Reconocer el impacto de los eventos vitales traumáticos es crucial para la prevención y el tratamiento de la depresión. Las intervenciones tempranas, como la terapia psicológica, pueden ser particularmente beneficiosas para las personas que han experimentado traumas o estrés severo. La terapia puede proporcionar estrategias efectivas de afrontamiento, ayudar a procesar eventos traumáticos y promover la resiliencia frente a futuros desafíos.

La comprensión de cómo los eventos vitales traumáticos y el estrés crónico contribuyen al desarrollo de la depresión es fundamental para abordar este complejo trastorno. Al proporcionar apoyo y recursos adecuados, es posible no solo ayudar a las personas a recuperarse de estos eventos, sino también a prevenir la aparición de la depresión.

Factores Ambientales y Sociales

Los factores ambientales y sociales juegan un papel crucial en el desarrollo y la progresión de la depresión. Estos factores pueden incluir una amplia gama de situaciones y condiciones, desde el en-

Depresión: K.O. en el primer asalto

Miguel Ángel Segura

torno laboral y el estrés relacionado con el trabajo hasta la calidad de las relaciones personales y el nivel de apoyo social disponible. La interacción entre estos factores y las predisposiciones individuales puede influir significativamente en la susceptibilidad de una persona a la depresión.

Entorno Laboral y Estrés: El estrés en el trabajo, ya sea debido a la sobrecarga laboral, la inseguridad laboral o conflictos con colegas o supervisores, puede ser un factor de riesgo significativo para la depresión. Un ambiente laboral negativo no solo aumenta el estrés diario sino que también puede disminuir la autoestima y el sentido de logro personal.

Relaciones Personales y Apoyo Social: Las relaciones interpersonales juegan un papel fundamental en nuestro bienestar emocional. Las relaciones conflictivas, la soledad y la falta de una red de apoyo sólida pueden aumentar el riesgo de depresión. Por otro lado, tener relaciones de apoyo puede ofrecer protección contra el desarrollo del trastorno.

Condiciones Socioeconómicas: La pobreza, la inseguridad financiera y vivir en áreas desfavorecidas pueden contribuir al estrés crónico, lo que aumenta la vulnerabilidad a la depresión. La falta de acceso a servicios de salud mental de calidad y otros recursos también puede dificultar la búsqueda de ayuda o el tratamiento efectivo de la depresión.

Eventos Vitales Estresantes: Además de los eventos traumáticos, otros eventos vitales estresantes, como mudanzas importantes, cambios en las relaciones o el cuidado de un familiar enfermo,

Depresión: K.O. en el primer asalto
Miguel Ángel Segura

pueden aumentar el riesgo de depresión. La acumulación de pequeños eventos estresantes también puede tener un impacto negativo en el tiempo.

Cultura y Estigma Social: Las actitudes culturales hacia la salud mental y el estigma asociado con la depresión pueden influir en la probabilidad de que una persona busque ayuda. En culturas donde hablar de problemas emocionales es tabú, las personas pueden ser más reacias a admitir que están luchando y buscar el apoyo necesario.

Estrategias de Prevención y Manejo: Reconocer el impacto de los factores ambientales y sociales en la depresión es crucial para el desarrollo de estrategias efectivas de prevención y manejo. Esto puede incluir la creación de entornos laborales más saludables, el fomento de redes de apoyo social, el mejoramiento de las condiciones socioeconómicas y la lucha contra el estigma de la salud mental. Además, intervenciones a nivel comunitario y políticas públicas que abordan estos factores pueden ser instrumentales en la prevención de la depresión a gran escala.

La comprensión de los factores ambientales y sociales subraya la importancia de un enfoque holístico para el tratamiento y la prevención de la depresión, uno que tenga en cuenta no solo los aspectos biológicos y psicológicos, sino también el contexto social y ambiental en el que vive una persona.

El Estigma de la Depresión

Impacto Social del Estigma

El estigma asociado con la depresión es un obstáculo significativo tanto para quienes sufren el trastorno como para la sociedad en general. Este estigma puede manifestarse de diversas maneras, desde ideas preconcebidas y malentendidos hasta discriminación abierta, y tiene profundas repercusiones en la búsqueda de ayuda, tratamiento y recuperación de las personas afectadas.

Desinformación y Malentendidos: Una fuente clave del estigma es la falta de conocimiento o información errónea sobre la depresión. Muchas personas todavía ven la depresión no como una condición de salud legítima, sino como una debilidad de carácter o una falta de voluntad para enfrentar los desafíos de la vida. Esta percepción puede hacer que quienes sufren de depresión se sientan avergonzados o culpables por su condición, disuadiéndolos de buscar el tratamiento que necesitan.

Discriminación en el Trabajo y la Vida Social: El estigma

Depresión: K.O. en el primer asalto
Miguel Ángel Segura

también puede llevar a la discriminación en el lugar de trabajo y en otros contextos sociales. Las personas con depresión pueden ser injustamente consideradas menos capaces o confiables, afectando sus oportunidades de empleo y avance profesional, así como sus relaciones interpersonales. Esta discriminación puede agravar la sensación de aislamiento y desesperanza, empeorando los síntomas de la depresión.

Barreras para Buscar Ayuda: El estigma es una de las principales razones por las que las personas con depresión no buscan ayuda. El miedo al juicio o al rechazo puede ser abrumador, lo que lleva a muchos a sufrir en silencio. Esta reluctancia a buscar ayuda no solo retrasa el tratamiento sino que también puede tener consecuencias fatales, especialmente en casos de pensamientos suicidas.

Impacto en el Apoyo Familiar y Comunitario: El estigma de la depresión no solo afecta a quienes tienen el trastorno, sino también a sus familias y amigos. Los seres queridos pueden sentirse impotentes o frustrados por no saber cómo ayudar, y a veces pueden internalizar las actitudes estigmatizantes de la sociedad, complicando el apoyo que pueden ofrecer.

Desafíos para el Cambio de Percepción: Cambiar la percepción social de la depresión requiere un esfuerzo colectivo para educar y sensibilizar al público sobre la naturaleza de la enfermedad, desmantelar mitos y promover una comprensión más empática y basada en la evidencia. Esto incluye hablar abiertamente sobre salud mental, promover historias de recuperación y destacar la importancia del tratamiento y el apoyo.

El estigma de la depresión no es solo un problema individual; es un desafío social que requiere una solución social. A través de la

Depresión: K.O. en el primer asalto

Miguel Ángel Segura

educación, el diálogo abierto y el apoyo comunitario, podemos comenzar a desmantelar el estigma, abriendo el camino para que más personas busquen y reciban la ayuda que necesitan para recuperarse.

Rompiendo el Silencio

La lucha contra el estigma de la depresión comienza con romper el silencio. Hablar abiertamente sobre la salud mental y compartir experiencias personales puede ser una herramienta poderosa para cambiar percepciones y fomentar un ambiente de comprensión y apoyo. La importancia de romper el silencio se extiende más allá de los individuos con depresión, involucrando a familiares, amigos, profesionales de la salud, y la sociedad en general.

Compartir Historias Personales: Una de las maneras más efectivas de combatir el estigma es a través de la narración de experiencias personales. Cuando las personas que han luchado contra la depresión comparten sus historias, desafían los estereotipos y mitos comunes al mostrar la realidad de vivir con esta condición. Estas historias pueden inspirar a otros a buscar ayuda y ofrecer esperanza de recuperación.

Educación y Sensibilización: La educación juega un papel crucial en la desestigmatización de la depresión. Programas de sensibilización diseñados para informar al público sobre la naturaleza de los trastornos de salud mental, sus causas, y tratamientos pueden desmitificar la enfermedad y reducir el miedo y la desinformación. La inclusión de la educación sobre salud mental en escuelas, lugares de trabajo, y en los medios de comunicación puede ayudar a cambiar actitudes desde una edad temprana.

Apoyo de Celebridades y Figuras Públicas: Cuando figu-

Depresión: K.O. en el primer asalto
Miguel Ángel Segura

ras públicas y celebridades hablan sobre sus propias luchas con la depresión, tienen un impacto significativo en la percepción pública de la enfermedad. Su visibilidad y plataforma les permiten alcanzar una amplia audiencia, mostrando que la depresión puede afectar a cualquiera, independientemente de su éxito o estatus, y que buscar ayuda es un signo de fortaleza, no de debilidad.

Iniciativas en Redes Sociales: Las redes sociales pueden ser un espacio poderoso para romper el estigma alrededor de la depresión. Campañas en línea, hashtags, y comunidades de apoyo brindan oportunidades para compartir experiencias, consejos y recursos. Estas iniciativas pueden ofrecer a las personas una sensación de pertenencia y apoyo, mostrando que no están solas en su lucha.

Políticas y Prácticas en el Lugar de Trabajo: Los empleadores pueden desempeñar un papel importante en la desestigmatización de la depresión al implementar políticas que promuevan un ambiente de trabajo de apoyo y comprensivo. Esto incluye ofrecer acceso a servicios de salud mental, entrenamiento sobre sensibilización para el personal, y asegurar que los empleados se sientan cómodos buscando ayuda sin temor a represalias o discriminación.

Romper el silencio sobre la depresión requiere esfuerzos concertados a todos los niveles de la sociedad. Al hablar abiertamente y ofrecer apoyo incondicional, podemos empezar a erodar el estigma que rodea a la depresión, facilitando un camino más claro hacia la recuperación para aquellos afectados.

Historias de Superación

Las historias de superación son herramientas poderosas para combatir el estigma asociado con la depresión, ofreciendo luz en

Depresión: K.O. en el primer asalto
Miguel Ángel Segura

momentos de oscuridad y demostrando que la recuperación no solo es posible, sino que es alcanzable. A través de relatos personales de lucha, resistencia y eventual recuperación, podemos cambiar la narrativa en torno a la depresión, mostrándola como lo que realmente es: una condición médica que, como muchas otras, puede ser tratada.

El Poder de Compartir: Compartir historias de superación desafía el estigma al humanizar la experiencia de la depresión. Escuchar o leer sobre alguien que ha atravesado caminos similares y ha encontrado formas de manejar o superar su depresión puede inspirar a otros a buscar ayuda. Esto también ayuda a quienes no han experimentado la depresión a comprender mejor la complejidad de esta enfermedad, fomentando la empatía y el apoyo.

Diversidad de Experiencias: La depresión afecta a personas de todos los orígenes, culturas y estilos de vida, y las historias de superación reflejan esta diversidad. Al incluir una amplia gama de voces y experiencias, se subraya que nadie está solo en su lucha contra la depresión. Estas historias pueden resonar de manera diferente con cada individuo, ofreciendo múltiples perspectivas y estrategias de afrontamiento.

Enseñanzas y Estrategias de Afrontamiento: Más allá del mero hecho de compartir, las historias de superación a menudo ofrecen estrategias prácticas y lecciones aprendidas. Desde técnicas de manejo del estrés hasta cómo navegar el sistema de atención médica, estas narrativas pueden ser una fuente invaluable de consejos prácticos. Escuchar sobre las estrategias que han funcionado para otros puede motivar a las personas a experimentar y encontrar lo que funciona mejor para ellas.

Fomentar la Esperanza: Quizás lo más importante es que

Depresión: K.O. en el primer asalto
Miguel Ángel Segura

las historias de superación inyectan esperanza. Para alguien que está en medio de la lucha contra la depresión, saber que otros han salido del otro lado puede ser profundamente reconfortante. La esperanza es un catalizador poderoso en el camino hacia la recuperación; saber que el cambio es posible puede ser el primer paso hacia la búsqueda de ayuda.

Creando una Comunidad de Apoyo: Al compartir y escuchar historias de superación, se crea una comunidad de personas que entienden y se apoyan mutuamente. Estas comunidades, ya sea en línea o en persona, pueden proporcionar un sentido de pertenencia y un recordatorio constante de que nadie tiene que enfrentar la depresión solo.

Las historias de superación son un recordatorio vital de que la depresión, por muy poderosa que sea, no tiene la última palabra. Al traer estas historias a la luz y celebrar la resiliencia del espíritu humano, podemos seguir avanzando hacia un mundo donde el estigma de la depresión sea una reliquia del pasado.

Depresión: K.O. en el primer asalto
Miguel Ángel Segura

Diagnóstico de la Depresión

Herramientas y Técnicas de Diagnóstico

El diagnóstico preciso de la depresión es el primer paso crucial hacia la recuperación. La evaluación clínica de la depresión se basa en una combinación de herramientas y técnicas diseñadas para identificar los síntomas y diferenciar la depresión de otros trastornos con síntomas similares. Un diagnóstico acertado considera la historia clínica completa del paciente, síntomas actuales, y, a menudo, el uso de cuestionarios estandarizados.

Entrevista Clínica: El componente central del diagnóstico de la depresión es una entrevista clínica exhaustiva. Durante esta entrevista, el médico o psicólogo explorará el historial médico del paciente, los síntomas actuales, la duración de estos síntomas, y cómo afectan su funcionamiento diario. La entrevista también puede incluir preguntas sobre el historial familiar de trastornos del estado de ánimo y otros problemas de salud mental para evaluar los factores de riesgo.

Cuestionarios y Escalas de Autoinforme: Existen varias

Depresión: K.O. en el primer asalto
Miguel Ángel Segura

herramientas estandarizadas utilizadas para ayudar en el diagnóstico de la depresión. Cuestionarios como la Escala de Depresión de Hamilton (HDRS) o el Inventario de Depresión de Beck (BDI) son comúnmente empleados para medir la gravedad de los síntomas depresivos. Aunque estas herramientas no pueden diagnosticar la depresión por sí solas, proporcionan información valiosa que puede complementar la evaluación clínica.

Exámenes Físicos y Pruebas de Laboratorio: Aunque no hay pruebas de laboratorio que diagnostiquen directamente la depresión, los médicos pueden solicitar exámenes físicos y pruebas de laboratorio para descartar otras condiciones médicas que puedan estar causando los síntomas. Por ejemplo, trastornos de la tiroides, deficiencias vitamínicas o ciertas enfermedades crónicas pueden presentar síntomas similares a la depresión.

Diferenciación de Otros Trastornos: Parte del proceso diagnóstico implica diferenciar la depresión de otros trastornos del estado de ánimo, como el trastorno bipolar, y de condiciones psicológicas como la ansiedad. Esto es crucial para asegurar que el tratamiento sea apropiado para el trastorno específico del paciente.

Importancia de un Diagnóstico Preciso: Un diagnóstico preciso es fundamental para desarrollar un plan de tratamiento efectivo. Sin una evaluación adecuada, los pacientes corren el riesgo de recibir tratamientos que no abordan correctamente sus necesidades específicas, lo que puede resultar en una recuperación incompleta o en el empeoramiento de los síntomas.

La combinación de entrevistas clínicas detalladas, el uso de herramientas de evaluación estandarizadas, y la consideración de la historia médica y los síntomas del paciente, permite a los profesionales

Depresión: K.O. en el primer asalto
Miguel Ángel Segura

de la salud mental llegar a un diagnóstico informado y personalizado, marcando el camino hacia una estrategia de tratamiento y recuperación efectiva.

La Importancia del Diagnóstico Temprano

El diagnóstico temprano de la depresión es fundamental para prevenir la progresión del trastorno y mejorar los resultados a largo plazo. Sin embargo, identificar la depresión en sus etapas iniciales puede ser desafiante, ya que los síntomas pueden ser sutiles o atribuidos erróneamente a otras causas, como el estrés del trabajo o problemas personales. La conciencia sobre la importancia de la detección temprana y la intervención puede marcar una diferencia significativa en la vida de las personas afectadas.

Beneficios del Diagnóstico Temprano:

- **Prevención de la Agudización de Síntomas:** Un diagnóstico temprano permite iniciar el tratamiento antes de que la depresión se vuelva más severa. Esto puede ayudar a evitar el deterioro significativo en la calidad de vida del paciente y reducir el impacto en su funcionamiento diario, relaciones y salud general.

- **Mejora de la Efectividad del Tratamiento:** Los tratamientos para la depresión suelen ser más efectivos cuando se implementan en las etapas tempranas del trastorno. Las intervenciones tempranas pueden ser menos intensivas y más cortas en duración, facilitando una recuperación más rápida y sostenida.

- **Reducción del Riesgo de Recurrencia:** El tratamiento temprano de la depresión también puede disminuir la probabilidad de episodios futuros. Al aprender estrategias de afrontamiento y manejo

Depresión: K.O. en el primer asalto
Miguel Ángel Segura

desde el principio, los pacientes pueden estar mejor preparados para lidiar con los desafíos y evitar la recaída.

Desafíos para el Diagnóstico Temprano:

- **Falta de Conciencia y Comprensión:** La falta de conocimiento sobre los signos y síntomas de la depresión puede dificultar su reconocimiento temprano. La educación sobre la salud mental es clave para mejorar la comprensión y fomentar la búsqueda de ayuda.

- **Estigma Asociado a la Salud Mental:** El estigma puede hacer que las personas duden en buscar ayuda por miedo al juicio o la discriminación. Combatir el estigma es esencial para alentar a más personas a obtener el apoyo que necesitan.

- **Acceso a la Atención de Salud Mental:** Las barreras para acceder a servicios de salud mental, como el costo, la disponibilidad limitada de servicios y la falta de proveedores capacitados, también pueden retrasar el diagnóstico y tratamiento.

Promoción del Diagnóstico Temprano:

Para fomentar el diagnóstico temprano de la depresión, es crucial aumentar la conciencia pública sobre los síntomas y la naturaleza tratable de la depresión, así como mejorar el acceso a evaluaciones y tratamientos de calidad. La implementación de programas de detección en escuelas, lugares de trabajo y durante consultas médicas generales puede ser una estrategia efectiva para identificar la depresión en sus etapas iniciales.

El diagnóstico temprano de la depresión no solo beneficia a quienes viven con el trastorno, sino que también tiene un impacto

Depresión: K.O. en el primer asalto
Miguel Ángel Segura

positivo en sus familias, amigos y la sociedad en general, al reducir la carga global de la enfermedad y promover una mayor calidad de vida.

Desafíos en el Diagnóstico

El proceso de diagnosticar la depresión, aunque esencial, no está exento de desafíos. Estos obstáculos pueden afectar la precisión del diagnóstico, el acceso al tratamiento adecuado y, en última instancia, la recuperación del paciente. Entender estos desafíos es crucial para mejorar el proceso diagnóstico y asegurar que las personas reciban la ayuda que necesitan.

Variabilidad de Síntomas: La depresión puede manifestarse de manera muy diferente de una persona a otra, no solo en términos de severidad sino también en la variedad de síntomas experimentados. Algunos pueden enfrentar fatiga extrema y pérdida de interés, mientras que otros pueden lidiar más con sentimientos de culpa y desesperanza. Esta variabilidad puede complicar la tarea de identificar la depresión, especialmente en casos donde los síntomas son menos típicos o son atribuidos a otras causas.

Comorbilidad con Otras Condiciones: La depresión frecuentemente coexiste con otras condiciones médicas y psiquiátricas, como trastornos de ansiedad, abuso de sustancias y enfermedades crónicas. Esta comorbilidad puede enmascarar o complicar el diagnóstico de la depresión, ya que los síntomas pueden superponerse o ser atribuidos erróneamente a otra condición.

Estigma y Barreras Culturales: El estigma asociado a la salud mental y las diferencias culturales en la percepción de la depresión pueden impedir que las personas busquen ayuda o expresen

Depresión: K.O. en el primer asalto
Miguel Ángel Segura

abiertamente sus síntomas. En algunas culturas, hablar de problemas de salud mental puede ser tabú, lo que significa que los síntomas de depresión pueden ser ignorados o minimizados tanto por los pacientes como por sus familias.

Acceso Limitado a Profesionales Capacitados: La falta de acceso a proveedores de salud mental capacitados y recursos puede ser un desafío significativo, especialmente en áreas rurales o comunidades desfavorecidas. Esto puede resultar en diagnósticos tardíos o incorrectos, o en el uso de tratamientos ineficaces.

Subjetividad en la Evaluación: Aunque existen criterios diagnósticos y herramientas estandarizadas para la depresión, la evaluación sigue siendo en gran parte subjetiva, basada en la interpretación de los síntomas por parte del profesional de la salud. Esto subraya la importancia de la formación y la experiencia clínica, así como de la comunicación clara y honesta entre el paciente y el profesional.

Estrategias para Superar los Desafíos: Mejorar el diagnóstico de la depresión implica abordar estos desafíos a través de una mayor concienciación y educación sobre la salud mental, la promoción del acceso a la atención médica y la capacitación de profesionales de la salud en el diagnóstico y tratamiento de trastornos de salud mental. Además, es vital fomentar un entorno en el que las personas se sientan cómodas compartiendo sus experiencias y buscando ayuda sin temor al juicio.

Afrontar estos desafíos es esencial para garantizar que las personas con depresión reciban un diagnóstico preciso y oportuno, lo que es el primer paso crítico hacia la recuperación efectiva y el bienestar a largo plazo.

Depresión: K.O. en el primer asalto
Miguel Ángel Segura

Tratamientos Convencionales

Medicamentos Antidepresivos

Los medicamentos antidepresivos son una de las piedras angulares en el tratamiento de la depresión. Estos medicamentos están diseñados para corregir desequilibrios químicos en el cerebro que se cree están involucrados en la depresión, principalmente afectando los niveles de neurotransmisores como la serotonina, la noradrenalina y la dopamina. Hay varios tipos de antidepresivos, cada uno con sus propios mecanismos de acción, eficacia y perfil de efectos secundarios.

Inhibidores Selectivos de la Recaptación de Serotonina (ISRS): Los ISRS son el tipo más comúnmente prescrito de antidepresivos debido a su eficacia general y perfil de efectos secundarios relativamente leve. Actúan aumentando los niveles de serotonina en el cerebro, un neurotransmisor asociado con el bienestar y la felicidad.

Inhibidores de la Recaptación de Serotonina y Noradrenalina (IRSN): Los IRSN funcionan aumentando los niveles de serotoni-

Depresión: K.O. en el primer asalto

Miguel Ángel Segura

na y noradrenalina en el cerebro. Son efectivos para tratar la depresión y, en algunos casos, pueden ser útiles cuando los ISRS no han sido efectivos.

Antidepresivos Tricíclicos (ATC): Aunque fueron algunos de los primeros antidepresivos desarrollados, los ATC son menos comúnmente prescritos hoy en día debido a su rango más amplio de efectos secundarios potenciales. Sin embargo, pueden ser una opción efectiva para algunas personas, especialmente aquellas que no responden a otros tipos de antidepresivos.

Inhibidores de la Monoaminooxidasa (IMAO): Los IMAO son una clase de antidepresivos que pueden ser efectivos para personas con depresión que no han respondido a otros tratamientos. Requieren una dieta estricta debido al riesgo de interacciones peligrosas con ciertos alimentos y medicamentos.

Antidepresivos Atípicos: Esta categoría incluye medicamentos que no encajan bien en las otras clases de antidepresivos. Funcionan de manera diferente y pueden ser útiles para personas que tienen síntomas específicos o que no han encontrado alivio con otros antidepresivos.

Consideraciones y Manejo de Efectos Secundarios: Mientras que los antidepresivos pueden ser altamente efectivos para muchas personas, no todos experimentarán alivio de sus síntomas depresivos con medicamentos. Además, los efectos secundarios pueden variar ampliamente entre individuos y tipos de medicamentos. Es crucial una comunicación abierta y regular con el profesional de salud para encontrar el medicamento y la dosis más adecuados, así como para ajustar el tratamiento según sea necesario.

Depresión: K.O. en el primer asalto
Miguel Ángel Segura

La decisión de comenzar la medicación antidepresiva debe tomarse después de una discusión cuidadosa entre el paciente y su médico, considerando todos los beneficios y riesgos potenciales. Para algunos, los medicamentos antidepresivos ofrecen un camino crucial hacia la recuperación, especialmente cuando se combinan con terapia y cambios saludables en el estilo de vida.

Terapia Psicológica

La terapia psicológica, también conocida como psicoterapia o "terapia de conversación", es una parte fundamental del tratamiento para la depresión. Ofrece un espacio seguro y de apoyo donde las personas pueden explorar sus sentimientos, creencias y comportamientos, trabajar a través de experiencias dolorosas o traumáticas, identificar y modificar patrones de pensamiento negativos, y desarrollar estrategias de afrontamiento saludables.

Tipos Comunes de Terapia Psicológica para la Depresión:

- **Terapia Cognitivo-Conductual (TCC):** La TCC es una de las formas más efectivas y comúnmente utilizadas de terapia para la depresión. Se centra en identificar y cambiar patrones de pensamiento y comportamiento negativos o inútiles, ayudando a las personas a ver situaciones difíciles de manera más clara y a responder a ellas de forma más efectiva.

- **Terapia Interpersonal (TIP):** La TIP se enfoca en las relaciones personales y los problemas sociales, ayudando a las personas a mejorar sus habilidades de comunicación y a resolver conflictos con otros. Es particularmente útil para aquellos cuya depresión está vinculada a sus interacciones con amigos, familiares y colegas.

Depresión: K.O. en el primer asalto
Miguel Ángel Segura

- **Terapia Psicodinámica:** Basada en la premisa de que los problemas actuales están arraigados en conflictos emocionales no resueltos del pasado, la terapia psicodinámica busca aumentar la conciencia y comprensión de estos conflictos internos, permitiendo a las personas enfrentar y resolver problemas subyacentes.

Elección de la Terapia Adecuada:

La elección del tipo de terapia psicológica depende de varios factores, incluyendo las preferencias personales, la severidad de los síntomas, y las causas subyacentes de la depresión. Para muchos, una combinación de terapia y medicación ofrece los mejores resultados.

Beneficios de la Terapia Psicológica:

- **Desarrollo de Habilidades de Afrontamiento:** La terapia proporciona herramientas y estrategias para manejar el estrés, la ansiedad y los patrones de pensamiento negativos, lo que puede ser beneficioso no solo para aliviar los síntomas actuales sino también para prevenir futuras recaídas.

- **Mejora de las Relaciones:** Al mejorar las habilidades de comunicación y resolver conflictos, la terapia puede ayudar a fortalecer las relaciones personales, lo que es esencial para el bienestar emocional.

- **Comprensión Profunda de Uno Mismo:** La terapia ofrece la oportunidad de reflexionar sobre experiencias y emociones, brindando una mayor comprensión de uno mismo y de los factores que pueden contribuir a la depresión.

Depresión: K.O. en el primer asalto

Miguel Ángel Segura

Consideraciones:

La terapia psicológica requiere compromiso y paciencia, tanto por parte del terapeuta como del paciente. Encontrar un terapeuta con el que se sienta cómodo y en confianza es crucial para el éxito del tratamiento. La terapia puede ser un proceso desafiante, ya que a menudo implica enfrentar emociones y recuerdos dolorosos, pero también puede ser increíblemente gratificante y transformador.

En conjunto, la terapia psicológica ofrece una vía poderosa para la recuperación de la depresión, ayudando a las personas a comprender y abordar la raíz de sus problemas, desarrollar resiliencia y promover cambios positivos en sus vidas.

Otros Tratamientos Médicos

Además de los medicamentos antidepresivos y la terapia psicológica, existen otros tratamientos médicos para la depresión que pueden ser efectivos, especialmente en casos de depresión severa o cuando la depresión no responde a los tratamientos convencionales. Estas alternativas pueden ofrecer esperanza a aquellos que han luchado para encontrar alivio a través de los métodos más tradicionales.

Terapia Electroconvulsiva (TEC): La TEC es uno de los tratamientos más antiguos y más estudiados para la depresión severa. Involucra el paso de corrientes eléctricas a través del cerebro para inducir una breve convulsión. Aunque el mecanismo exacto es desconocido, se cree que los cambios químicos inducidos por la convulsión pueden ayudar a aliviar los síntomas de la depresión. La TEC es generalmente segura y puede ser particularmente efectiva para perso-

Depresión: K.O. en el primer asalto
Miguel Ángel Segura

nas con depresión mayor, depresión con síntomas psicóticos o aquellos que no pueden tomar antidepresivos.

Estimulación Magnética Transcraneal (EMT): La EMT es un tratamiento más reciente que utiliza campos magnéticos para estimular áreas específicas del cerebro involucradas en el control del estado de ánimo. A diferencia de la TEC, la EMT no requiere sedación y no induce convulsiones, lo que la hace una opción menos invasiva. Ha demostrado ser efectiva en algunos casos de depresión resistente al tratamiento, y los efectos secundarios, generalmente leves, incluyen dolor de cabeza o molestias en el sitio de estimulación.

Estimulación del Nervio Vago (ENV): La ENV implica el uso de un dispositivo implantado quirúrgicamente que envía impulsos eléctricos al nervio vago en el cuello. Este nervio tiene rutas directas al cerebro y se piensa que la estimulación afecta a las áreas del cerebro que controlan el estado de ánimo. La ENV se considera para personas con depresión crónica que no han respondido a otros tratamientos.

Ketamina y Escetamina: La ketamina, un anestésico utilizado también por sus efectos antidepresivos rápidos, y su derivado, la escetamina, han ganado atención para el tratamiento de la depresión resistente. Estas sustancias pueden proporcionar alivio rápido de los síntomas para algunos pacientes, aunque aún se están investigando su seguridad y eficacia a largo plazo.

Consideraciones Importantes: Estos tratamientos suelen reservarse para casos de depresión severa o aquellos que no han respondido a otros tratamientos debido a sus riesgos potenciales y la necesidad de monitoreo cuidadoso. La elección de estos tratamientos debe ser el resultado de una discusión detallada entre el paciente y su

Depresión: K.O. en el primer asalto

Miguel Ángel Segura

equipo de atención médica, considerando los beneficios y riesgos.

Estas alternativas médicas reflejan la diversidad de opciones disponibles para tratar la depresión y subrayan la importancia de un enfoque personalizado en el tratamiento de este complejo trastorno. A medida que la investigación avanza, se espera que surjan nuevas y mejores opciones de tratamiento, ampliando aún más las posibilidades de recuperación para quienes viven con depresión.

Terapias Alternativas y Complementarias

Texto 1: Ejercicio Físico

El ejercicio físico se ha reconocido cada vez más como una terapia efectiva y accesible para manejar y reducir los síntomas de la depresión. Aunque no reemplaza los tratamientos convencionales como la medicación y la terapia psicológica, el ejercicio puede servir como un complemento valioso, ofreciendo beneficios tanto para la salud física como mental.

Mecanismos de Acción:

- **Mejora de la Neuroquímica Cerebral:** El ejercicio regular incrementa la liberación de neurotransmisores como la serotonina y la noradrenalina, similares a los efectos de algunos medicamentos antidepresivos. También estimula la producción de endorfinas, conocidas como las hormonas de la felicidad, que pueden mejorar el estado de ánimo de manera natural.

- **Reducción del Estrés y la Ansiedad:** La actividad física

Depresión: K.O. en el primer asalto
Miguel Ángel Segura

puede reducir los niveles de las hormonas del estrés, como el cortisol y la adrenalina, ayudando a aliviar la ansiedad y el estrés, factores que a menudo contribuyen a la depresión.

- **Mejora del Sueño:** El ejercicio regular puede ayudar a regular los patrones de sueño, mejorando la calidad del descanso nocturno. Un sueño reparador es fundamental para la regulación emocional y puede disminuir los síntomas de la depresión.

- **Incremento de la Autoestima y el Sentido de Logro:** Completar rutinas de ejercicio puede proporcionar un sentido de logro y mejorar la imagen corporal, lo cual es especialmente valioso para aquellos cuya depresión está vinculada a baja autoestima o percepciones negativas de sí mismos.

Tipos de Ejercicio Recomendados:

- **Ejercicio Aeróbico:** Actividades como caminar, correr, nadar o andar en bicicleta, realizadas de manera regular, han demostrado ser efectivas en la reducción de los síntomas depresivos.

- **Entrenamiento de Fuerza:** Levantar pesas o realizar ejercicios de resistencia puede ser igualmente beneficioso, no solo mejorando la fuerza física sino también contribuyendo a la mejora del estado de ánimo.

- **Yoga y Tai Chi:** Estas prácticas combinan ejercicio físico con técnicas de respiración y meditación, ofreciendo beneficios tanto para el cuerpo como para la mente. Pueden ser particularmente útiles para mejorar la regulación emocional y reducir el estrés.

Depresión: K.O. en el primer asalto

Miguel Ángel Segura

Consideraciones:

El tipo y la cantidad de ejercicio óptimo pueden variar de una persona a otra. Es importante comenzar lentamente, especialmente si no se ha estado activo regularmente, y aumentar gradualmente la intensidad y duración del ejercicio según la capacidad personal. La meta es encontrar una actividad física que sea disfrutable y sostenible a largo plazo.

Incorporar el ejercicio como parte de un plan integral de tratamiento para la depresión puede maximizar los beneficios para la salud mental, ofreciendo una estrategia proactiva y empoderadora para manejar los síntomas y mejorar la calidad de vida.

Nutrición y Depresión

La relación entre la nutrición y la depresión es un área de investigación en crecimiento, sugiriendo que lo que comemos puede tener un impacto significativo en nuestra salud mental. Aunque la dieta por sí sola no puede tratar la depresión, puede apoyar la terapia convencional, contribuyendo a la mejora del estado de ánimo y al bienestar general.

Influencia de la Nutrición en la Salud Mental:

- **Ácidos Grasos Omega-3:** Los ácidos grasos omega-3, encontrados en altas concentraciones en el pescado azul, las nueces y las semillas de lino, son esenciales para el funcionamiento cerebral y pueden jugar un papel en la regulación del estado de ánimo. Algunos estudios sugieren que los suplementos de omega-3 pueden ser beneficiosos para las personas con depresión, especialmente aquellos con niveles bajos de estos ácidos grasos.

Depresión: K.O. en el primer asalto
Miguel Ángel Segura

- **Antioxidantes:** Los antioxidantes, como las vitaminas A, C y E, pueden proteger las células del cerebro contra el daño de los radicales libres, sustancias que pueden contribuir al estrés oxidativo y están asociadas con la depresión. Las frutas, verduras y frutos secos son ricas fuentes de antioxidantes.

- **Complejo de Vitaminas B:** Las vitaminas B, especialmente el folato (B9), la vitamina B12 y la vitamina B6, están involucradas en la producción de neurotransmisores como la serotonina y la dopamina. Las deficiencias en estas vitaminas pueden afectar negativamente el estado de ánimo, y su adecuada ingesta puede ser importante para prevenir y manejar la depresión.

- **Probióticos:** Existe un creciente interés en el papel del "eje intestino-cerebro" en la salud mental. Los probióticos, que son bacterias beneficiosas para el sistema digestivo, pueden influir positivamente en la salud mental al mejorar la salud intestinal y, potencialmente, reducir la inflamación, que se ha vinculado a la depresión.

Consideraciones Dietéticas:

- **Dieta Mediterránea:** La dieta mediterránea, rica en frutas, verduras, legumbres, cereales integrales, aceite de oliva y pescado, ha sido asociada con un menor riesgo de depresión. Este patrón dietético enfatiza alimentos ricos en nutrientes que apoyan la salud del cerebro.

- **Evitar Alimentos Procesados:** Los alimentos altamente procesados y ricos en azúcares añadidos y grasas trans pueden tener un impacto negativo en la salud mental. Estos alimentos pueden contribuir a la inflamación y afectar negativamente la regulación del azúcar en la sangre y el estado de ánimo.

Depresión: K.O. en el primer asalto
Miguel Ángel Segura

Implementando Cambios Dietéticos:

Hacer cambios dietéticos puede ser un desafío, especialmente durante períodos de baja energía o motivación. Comenzar con pequeños cambios, como incorporar más frutas y verduras en las comidas, y buscar el apoyo de un nutricionista o dietista, puede facilitar la transición hacia una alimentación más saludable.

La nutrición es una parte importante de un enfoque integral para el tratamiento de la depresión. Aunque no reemplaza la necesidad de otros tratamientos, como la medicación o la terapia, una dieta saludable puede ser un complemento valioso, apoyando la recuperación y mejorando la calidad de vida.

Mindfulness y Meditación

La práctica de mindfulness (atención plena) y la meditación han ganado popularidad como herramientas efectivas para manejar la depresión y mejorar la salud mental en general. Estas prácticas implican dirigir la atención de manera intencional al momento presente, observando pensamientos, emociones y sensaciones físicas sin juzgarlos. Al cultivar una mayor conciencia de la mente y el cuerpo, mindfulness y la meditación pueden ayudar a disminuir los síntomas de la depresión y aumentar el bienestar emocional.

Beneficios de Mindfulness y Meditación:

- **Reducción del Estrés:** La meditación y el mindfulness son conocidos por su capacidad para reducir el estrés, uno de los factores que pueden contribuir a la depresión. Al enfocarse en el mo-

Depresión: K.O. en el primer asalto
Miguel Ángel Segura

mento presente, las personas pueden aprender a ver sus pensamientos y preocupaciones desde una perspectiva más distante y menos reactiva.

- **Mejora de la Regulación Emocional:** Estas prácticas pueden ayudar a mejorar la regulación emocional al aumentar la conciencia de las emociones sin identificarse con ellas completamente. Esto puede facilitar una respuesta más equilibrada y menos impulsiva a los desafíos emocionales.

- **Disminución de la Rumia:** La rumia, o el proceso de pensar obsesivamente en situaciones negativas, es un síntoma común de la depresión. Mindfulness ayuda a interrumpir este ciclo al entrenar la mente para volver al momento presente y enfocarse en experiencias más neutrales o positivas.

- **Mejora del Sueño:** La práctica regular de mindfulness y meditación puede mejorar la calidad del sueño, al reducir el tiempo necesario para dormirse y disminuir las interrupciones del sueño durante la noche. Un mejor sueño puede tener un impacto positivo en el estado de ánimo y la salud mental.

Cómo Incorporar Mindfulness y Meditación:

- **Prácticas Guiadas:** Para aquellos nuevos en la meditación, las prácticas guiadas disponibles a través de aplicaciones móviles, libros o en línea pueden ser un punto de partida útil.

- **Mindfulness en la Vida Cotidiana:** Mindfulness puede ser practicado en cualquier momento, simplemente enfocando la atención plenamente en las actividades diarias, como comer, caminar o incluso respirar. Esta práctica puede aumentar el disfrute y la apre-

Depresión: K.O. en el primer asalto
Miguel Ángel Segura

ciación de los momentos simples de la vida.

- **Cursos y Talleres:** Participar en cursos o talleres de mindfulness y meditación puede proporcionar una comprensión más profunda de estas prácticas y ofrecer apoyo y orientación de instructores experimentados.

- **Establecer una Rutina:** La consistencia es clave para obtener los beneficios de mindfulness y la meditación. Establecer un tiempo específico cada día para practicar puede ayudar a desarrollar una rutina sostenible.

Mindfulness y meditación ofrecen una forma accesible y de bajo costo para complementar los tratamientos convencionales para la depresión. Al promover una mayor conciencia del momento presente y reducir el enfoque en pensamientos negativos o preocupaciones sobre el futuro, estas prácticas pueden jugar un papel importante en el manejo de la depresión y en el fomento de una mayor paz interior y satisfacción con la vida.

El Papel del Apoyo Social

La Importancia de la Red de Apoyo

El apoyo social juega un papel crucial en la prevención y el tratamiento de la depresión. Tener una red de apoyo sólida, ya sea a través de amigos, familiares, grupos de apoyo o profesionales de la salud mental, puede ofrecer un colchón emocional vital que protege contra el desarrollo de la depresión y facilita la recuperación. Este apoyo puede presentarse de varias formas, incluyendo apoyo emocional, informativo y práctico, cada uno con su propio valor en el proceso de manejo de la depresión.

Apoyo Emocional: Este es quizás el tipo de apoyo más reconocido y valioso. Saber que hay personas que se preocupan, escuchan y ofrecen consuelo puede hacer una diferencia significativa en cómo se siente alguien que lucha contra la depresión. La empatía y la comprensión pueden ayudar a aliviar la sensación de aislamiento que a menudo acompaña a la depresión.

Depresión: K.O. en el primer asalto
Miguel Ángel Segura

Apoyo Informativo: Consiste en proporcionar información útil sobre recursos, tratamientos y estrategias de afrontamiento. Saber dónde y cómo obtener ayuda profesional puede ser un factor determinante en la búsqueda de tratamiento. Además, aprender más sobre la depresión puede ayudar a desmitificar la enfermedad y reducir el estigma asociado con ella.

Apoyo Práctico: Esto puede incluir ayuda con tareas cotidianas, asistencia en la gestión de citas médicas o incluso acompañamiento a sesiones de terapia. Para alguien que sufre de depresión, las tareas diarias pueden sentirse abrumadoras. Tener ayuda práctica puede aliviar este peso y permitir que la persona se concentre en su recuperación.

Construyendo una Red de Apoyo:

- **Alcanzar a Amigos y Familiares:** A menudo, los seres queridos quieren ayudar pero pueden no saber cómo. Ser abierto sobre lo que se necesita puede permitirles brindar el tipo de apoyo más beneficioso.

- **Grupos de Apoyo:** Participar en grupos de apoyo, ya sea en persona o en línea, puede conectar a las personas con otras que están pasando por experiencias similares, ofreciendo una sensación de comunidad y comprensión mutua.

- **Profesionales de la Salud Mental:** Establecer relaciones terapéuticas con consejeros, psicólogos o psiquiatras puede proporcionar no solo tratamiento sino también un apoyo continuo a lo largo del proceso de recuperación.

Depresión: K.O. en el primer asalto
Miguel Ángel Segura

Impacto del Apoyo Social:

El apoyo social no solo puede ayudar a reducir la severidad de los síntomas de la depresión sino también contribuir a una sensación de bienestar y satisfacción con la vida. Además, estudios han mostrado que una red de apoyo sólida puede actuar como un factor protector contra el estrés y otros factores de riesgo para la depresión.

En resumen, el apoyo social es un componente esencial en el manejo eficaz de la depresión. Fomentar y mantener conexiones sociales saludables puede fortalecer la resiliencia emocional, ofreciendo una base de apoyo crucial para enfrentar los desafíos de la depresión.

Cómo Pedir Ayuda

Pedir ayuda cuando se está luchando con la depresión puede ser un paso difícil pero crucial hacia la recuperación. A menudo, el estigma asociado con la salud mental y el miedo al juicio pueden ser barreras significativas. Sin embargo, alcanzar a otros para obtener apoyo es fundamental para el proceso de sanación. Aquí hay algunas estrategias y consideraciones para pedir ayuda de manera efectiva.

Reconocer la Necesidad de Ayuda: El primer paso para pedir ayuda es reconocer que la necesidad de apoyo es legítima y valiosa. La depresión es una condición médica seria que requiere atención, al igual que cualquier otra enfermedad física.

Decidir a Quién Pedir Ayuda: Considera a quién te sientes cómodo revelando tus luchas. Esto puede ser un amigo cercano, un miembro de la familia, un colega de confianza, o un profesional de la salud mental. No tiene que ser perfecto, pero sí alguien que creas que responderá con empatía y apoyo.

Depresión: K.O. en el primer asalto
Miguel Ángel Segura

Prepararse para la Conversación: Puede ser útil pensar de antemano en lo que quieres decir. No necesitas tener todas las respuestas o incluso una explicación completa de cómo te sientes. A veces, simplemente expresar que estás luchando y que necesitas ayuda es suficiente.

Elegir el Momento y el Lugar Adecuados: Busca un momento tranquilo y un lugar privado para tener la conversación, donde no serás interrumpido o distraído. Esto puede ayudar tanto a ti como a la persona a quien te estás acercando a sentirse más cómodos y abiertos.

Sé Claro y Directo: Aunque puede ser tentador minimizar tus sentimientos, ser claro sobre lo que estás experimentando puede ayudar a la otra persona a entender la seriedad de tu situación. Puedes decir algo como "He estado sintiéndome realmente deprimido últimamente y creo que necesito ayuda."

Pide lo que Necesitas: Si hay algo específico que crees que podría ayudarte, no dudes en mencionarlo. Esto podría ser ayuda para encontrar un terapeuta, acompañamiento a una cita médica, o simplemente alguien con quien hablar regularmente.

Considerar Opciones Profesionales: Si te sientes incapaz de hablar con alguien en tu círculo personal, o si necesitas asistencia adicional, buscar un profesional de la salud mental puede ser un buen paso siguiente. Ellos pueden ofrecer una perspectiva objetiva y tratamientos basados en evidencia para la depresión.

Pedir ayuda es un acto de coraje y el primer paso hacia el cambio. Recuerda que no estás solo, y que hay personas y recursos disponibles para apoyarte en tu camino hacia la recuperación. La voluntad de ser vulnerable y abrirse sobre la lucha con la depresión puede ser el inicio de un viaje transformador hacia el bienestar.

Grupos de Apoyo y Comunidades

Los grupos de apoyo y las comunidades, tanto en línea como en persona, pueden ser recursos invaluables para las personas que enfrentan la depresión. Estos espacios ofrecen un entorno de aceptación y comprensión, donde los miembros pueden compartir experiencias, estrategias de afrontamiento y ofrecerse mutuamente apoyo emocional. Participar en grupos de apoyo puede romper el aislamiento que a menudo acompaña a la depresión, proporcionando una red de seguridad emocional y un sentido de pertenencia.

Beneficios de los Grupos de Apoyo:

- **Comprensión Mutua:** En un grupo de apoyo, los miembros se encuentran entre personas que han experimentado desafíos similares. Este entorno puede proporcionar un nivel de entendimiento y empatía que a veces es difícil de encontrar en otros contextos.

- **Compartir Experiencias:** Escuchar y compartir historias personales de lucha y recuperación puede ser poderosamente validante y ofrecer esperanza. Las personas a menudo descubren nuevas formas de gestionar su depresión al aprender de las experiencias de los demás.

- **Aprendizaje de Estrategias de Afrontamiento:** Los grupos de apoyo pueden ser una fuente de consejos prácticos sobre cómo manejar los síntomas de la depresión, desde técnicas de relajación hasta consejos para navegar el sistema de atención médica.

- **Apoyo Emocional:** Simplemente saber que no estás solo en tus luchas puede ser un gran alivio. Los grupos de apoyo ofrecen un espacio seguro para expresar sentimientos y recibir apoyo sin juicio.

Encontrar el Grupo de Apoyo Adecuado:

- **Investigación:** Muchas organizaciones de salud mental ofrecen listados de grupos de apoyo locales y en línea. También puedes preguntar a profesionales de la salud mental o a otras personas que hayan enfrentado desafíos similares por recomendaciones.

- **Considera el Formato:** Algunas personas prefieren la interacción cara a cara de los grupos de apoyo en persona, mientras que otras encuentran que los grupos en línea son más accesibles y convenientes. Considera qué formato se alinea mejor con tus necesidades y estilo de vida.

- **Prueba Varias Opciones:** Es posible que necesites asistir a varias reuniones de diferentes grupos antes de encontrar uno con el que te sientas cómodo. Cada grupo tiene su propia dinámica, y es importante encontrar uno donde te sientas escuchado y apoyado.

Participación Activa:

La efectividad de los grupos de apoyo a menudo depende de la participación activa. Aunque puede ser intimidante compartir tu historia al principio, contribuir con tus propias experiencias y escuchar

Depresión: K.O. en el primer asalto
Miguel Ángel Segura

activamente a los demás puede enriquecer la experiencia de grupo para todos los miembros.

Los grupos de apoyo no reemplazan la terapia profesional o el tratamiento médico, pero pueden ser un complemento valioso. Ofrecen un espacio de solidaridad y comprensión que puede ser esencial para la recuperación y el bienestar a largo plazo.

Miguel Ángel Segura

Estrategias de Autocuidado

Rutinas Saludables

Establecer y mantener rutinas saludables es fundamental para el manejo de la depresión. Estas rutinas pueden proporcionar estructura y previsibilidad en la vida diaria, lo cual es especialmente útil en momentos de desánimo o apatía. Además, las rutinas saludables pueden reforzar los comportamientos positivos, mejorando el bienestar general y apoyando la recuperación de la depresión.

Importancia de las Rutinas:

- **Estructura Diaria:** Una rutina regular ayuda a establecer un sentido de orden y previsibilidad, lo cual puede ser reconfortante cuando se siente desbordado o desmotivado. Saber lo que sigue en el día puede reducir la ansiedad y facilitar la transición entre tareas.

- **Mejora del Sueño:** La consistencia en las rutinas diarias, especialmente en torno a la hora de acostarse y levantarse, puede mejorar la calidad del sueño. Un sueño reparador es crucial para la regulación del estado de ánimo y la energía.

Depresión: K.O. en el primer asalto
Miguel Ángel Segura

- **Alimentación Saludable:** Incorporar momentos regulares para comidas nutritivas en tu rutina puede tener un impacto positivo en tu salud física y mental. La nutrición adecuada es esencial para el funcionamiento óptimo del cerebro y puede influir en el estado de ánimo.

- **Actividad Física:** Dedicar tiempo a la actividad física de forma regular puede mejorar significativamente los síntomas de la depresión. El ejercicio no solo beneficia la salud física, sino que también libera endorfinas, mejora el sueño y proporciona un sentido de logro.

Construyendo Rutinas Saludables:

- **Establece Metas Realistas:** Comienza con pequeños cambios que sientas que puedes manejar y construye gradualmente desde allí. Establecer metas inalcanzables puede llevar a la frustración y al sentimiento de fracaso.

- **Prioriza Actividades que Disfrutes:** Incluir actividades placenteras o hobbies en tu rutina puede aumentar la motivación y proporcionar algo que esperar cada día.

- **Sé Flexible:** Aunque la consistencia es importante, también lo es ser flexible. Habrá días en los que seguir tu rutina será más difícil, y está bien adaptarte según sea necesario.

- **Busca Apoyo:** Compartir tus objetivos de rutinas saludables con amigos, familiares o un terapeuta puede proporcionarte un sistema de apoyo para mantenerte motivado y responsable.

Depresión: K.O. en el primer asalto

Miguel Ángel Segura

Reflexión Final:

Las rutinas saludables son una herramienta poderosa en el manejo de la depresión, proporcionando un marco para el autocuidado diario que apoya tanto la salud física como mental. A través de la implementación gradual y la adaptación de rutinas que se alinean con tus necesidades y preferencias personales, puedes desarrollar un fundamento sólido para la recuperación y el bienestar a largo plazo.

Técnicas de Relajación y Manejo del Estrés

Las técnicas de relajación y manejo del estrés son componentes esenciales en el autocuidado para las personas que viven con depresión. Estas estrategias pueden ayudar a reducir la tensión física y mental, mejorando el bienestar general y proporcionando herramientas valiosas para enfrentar los desafíos diarios. La práctica regular de estas técnicas puede aliviar los síntomas de la depresión al disminuir los niveles de estrés y ansiedad.

Técnicas de Respiración: La respiración profunda y consciente es una técnica simple pero poderosa para reducir el estrés. Respirar profundamente desde el diafragma, en lugar de respiraciones superficiales desde el pecho, puede ayudar a calmar el sistema nervioso y reducir la tensión.

Meditación y Mindfulness: La meditación y la práctica de mindfulness implican enfocar la mente en el presente, observando pensamientos, emociones y sensaciones corporales sin juicio. Estas prácticas pueden ayudar a romper el ciclo de pensamientos negativos y preocupaciones que a menudo acompañan a la depresión.

Relajación Muscular Progresiva: Esta técnica involucra

tensar y luego relajar deliberadamente distintos grupos musculares en el cuerpo. Al hacerlo, se puede llegar a una mayor conciencia de la tensión física y cómo liberarla, lo que puede resultar en una sensación general de relajación.

Yoga y Tai Chi: Estas prácticas combinan movimientos físicos, técnicas de respiración y meditación para mejorar la flexibilidad, la fuerza y el equilibrio mental. Tanto el yoga como el tai chi han demostrado ser efectivos en reducir el estrés y mejorar los síntomas de la depresión.

Ejercicio Físico: La actividad física regular es una forma efectiva de aliviar el estrés y mejorar el estado de ánimo. El ejercicio no tiene que ser intenso; incluso caminar a paso ligero puede ser beneficioso.

Escribir un Diario: Expresar pensamientos y emociones a través de la escritura puede ser una forma de catarsis, ayudando a procesar y liberar estrés emocional.

Pasar Tiempo en la Naturaleza: Dedicar tiempo al aire libre y en entornos naturales puede tener un efecto calmante y revitalizante, reduciendo el estrés y mejorando el estado de ánimo.

Implementación en la Vida Diaria:

La clave para aprovechar al máximo estas técnicas es la práctica regular. Integrar actividades de relajación y manejo del estrés en tu rutina diaria puede ayudarte a desarrollar una mayor resiliencia frente al estrés. Comienza explorando diferentes técnicas para encontrar las que mejor se adapten a ti y a tu estilo de vida.

Depresión: K.O. en el primer asalto
Miguel Ángel Segura

Incorporar técnicas de relajación y manejo del estrés como parte de un enfoque integral para el tratamiento de la depresión puede mejorar significativamente la calidad de vida, proporcionando herramientas prácticas para manejar el estrés y fomentar el bienestar emocional.

El Poder del Autocompasión

La autocompasión es una estrategia de autocuidado profundamente valiosa, especialmente para quienes luchan contra la depresión. Este concepto implica tratarse a uno mismo con la misma amabilidad, preocupación y apoyo que ofreceríamos a un buen amigo en momentos de dificultad. Cultivar la autocompasión puede ayudar a mitigar la autocrítica severa y los sentimientos de inutilidad, fomentando una actitud más amable y compasiva hacia uno mismo.

Componentes Clave de la Autocompasión:

- **Amabilidad Hacia Uno Mismo:** Reemplazar la autocrítica y el juicio interno con un diálogo interno más amable y comprensivo. Esto incluye ser indulgente con uno mismo cuando las cosas no van según lo plancado o cuando se cometen errores.

- **Humanidad Compartida:** Reconocer que el sufrimiento y la imperfección son partes de la experiencia humana compartida. Esto puede ayudar a disminuir los sentimientos de aislamiento, recordando que no estás solo en tus luchas.

- **Conciencia Plena:** Mantener una actitud equilibrada hacia los pensamientos y emociones negativas, permitiéndote sentirlos sin ser abrumado o identificarte excesivamente con ellos. La conciencia plena permite reconocer el dolor o la tristeza sin juzgar.

Depresión: K.O. en el primer asalto
Miguel Ángel Segura

Beneficios de la Autocompasión:

- **Resiliencia Emocional:** La autocompasión puede aumentar la resiliencia frente a las dificultades de la vida, proporcionando un recurso interno de apoyo y comprensión.

- **Reducción de la Ansiedad y la Depresión:** Practicar la autocompasión ha demostrado reducir los niveles de ansiedad y depresión, al ofrecer una forma más saludable de relacionarse consigo mismo en momentos de estrés o fracaso.

- **Mejora del Bienestar:** La autocompasión fomenta un bienestar general, incluyendo una mayor satisfacción con la vida, más felicidad y mejor salud mental.

Cómo Practicar la Autocompasión:

- **Ejercicios y Meditaciones de Autocompasión:** Hay ejercicios específicos y meditaciones guiadas diseñadas para fomentar la autocompasión. Estas prácticas pueden ayudarte a desarrollar una relación más amable y compasiva contigo mismo.

- **Reconocimiento y Aceptación:** Comienza reconociendo cómo te hablas a ti mismo en momentos difíciles. Trabaja hacia la aceptación de tus emociones y experiencias sin juicio, ofreciéndote consuelo y comprensión.

- **Escribe Cartas a Ti Mismo:** Escribir cartas a ti mismo desde una perspectiva compasiva puede ser una forma poderosa de procesar emociones y fomentar la autocompasión.

La autocompasión no es un signo de debilidad, sino una fuente

Depresión: K.O. en el primer asalto

Miguel Ángel Segura

de fortaleza. Al cultivar una actitud compasiva hacia uno mismo, es posible navegar por los desafíos de la vida, incluida la lucha contra la depresión, con mayor facilidad y apoyo interno. Aprender a tratarse a uno mismo con amabilidad y comprensión puede ser un viaje transformador y un componente esencial del autocuidado.

Reconstruyendo la Identidad

Enfrentando la Pérdida de Sí Mismo

La depresión a menudo implica una pérdida de identidad o un sentido de desconexión de quién eres realmente. Las personas pueden sentir que han perdido su entusiasmo por la vida, sus pasiones y los aspectos de su personalidad que las hacían únicas. Parte del proceso de recuperación implica reconstruir esta identidad perdida, un camino que puede ser desafiante pero también profundamente gratificante.

Reconocer la Pérdida: El primer paso para reconstruir tu identidad es reconocer la pérdida que has experimentado. Esto puede incluir la pérdida de interés en actividades que antes disfrutabas, cambios en tus relaciones o una disminución de la confianza en ti mismo y tus habilidades. Aceptar que estas pérdidas son parte de la experiencia de la depresión puede ayudarte a comenzar el proceso de reconstrucción.

Explorar y Redefinir: Reconstruir tu identidad significa tomar tiempo para explorar y redefinir quién eres y qué es importante para ti. Esto puede involucrar redescubrir viejas pasiones o encontrar nuevas, establecer metas personales y profesionales, y trabajar para alinear tus acciones con tus valores y creencias fundamentales.

Pequeños Pasos, Grandes Cambios: El proceso de reconstrucción de la identidad no sucede de la noche a la mañana. Comienza con pequeños pasos, como participar en actividades que solías disfrutar o probar algo nuevo que siempre has querido hacer. Estas pequeñas acciones pueden comenzar a reconstruir tu sentido del yo y aumentar tu confianza.

Busca Apoyo: Reconstruir tu identidad puede ser un proceso solitario, pero no tienes que hacerlo solo. Busca el apoyo de amigos, familiares o un terapeuta que pueda ofrecerte orientación y perspectiva. Los grupos de apoyo también pueden ser una fuente valiosa de aliento y comprensión.

Sé Paciente Contigo Mismo: La reconstrucción de la identidad es un proceso que lleva tiempo y puede estar lleno de altibajos. Sé amable y paciente contigo mismo a medida que navegas por este camino. Recuerda que cada paso que das hacia la reconstrucción de tu identidad es un paso hacia una vida más plena y satisfactoria.

Reconstruir tu identidad después de la depresión es un viaje de autodescubrimiento y crecimiento. Aunque puede ser desafiante, también ofrece la oportunidad de conocerse a uno mismo de manera más profunda y significativa, abriendo la puerta a un futuro lleno de posibilidades y esperanza.

Estableciendo Nuevas Metas

Una parte crucial del proceso de recuperación de la depresión

Depresión: K.O. en el primer asalto
Miguel Ángel Segura

implica establecer nuevas metas que reflejen quién quieres ser y qué deseas lograr. La definición de metas no solo proporciona dirección y un sentido de propósito, sino que también puede restaurar un sentido de control sobre tu vida, algo que la depresión a menudo erosiona.

Identifica Tus Valores: Antes de establecer metas, es útil reflexionar sobre tus valores fundamentales. ¿Qué es más importante para ti en la vida? ¿Qué te hace sentir realizado y feliz? Tus metas deben estar alineadas con estos valores para que se sientan significativas y motivadoras.

Metas Pequeñas y Alcanzables: El establecimiento de metas gigantescas puede resultar abrumador, especialmente cuando estás recuperándote de la depresión. En cambio, enfócate en metas pequeñas y manejables que puedas alcanzar de manera realista. Estas pequeñas victorias pueden construir tu confianza y motivación, pavimentando el camino para logros más grandes.

Balance entre Diversos Aspectos de la Vida: Asegúrate de que tus metas cubran diferentes aspectos de tu vida, incluyendo la salud, las relaciones, la carrera y los pasatiempos. Esto puede ayudar a garantizar un enfoque equilibrado para la recuperación y el bienestar general.

Flexibilidad y Paciencia: Sé flexible en tus metas y dispuesto a ajustarlas según sea necesario. La recuperación de la depresión puede ser un proceso impredecible, y lo que funciona para ti puede cambiar con el tiempo. Sé paciente contigo mismo y reconoce que el progreso puede ser lento.

Celebra tus Logros: Tómate el tiempo para celebrar tus logros, no importa cuán pequeños sean. Reconocer y celebrar el progreso puede ser un poderoso recordatorio de tu capacidad para superar desafíos y avanzar hacia tus metas.

Solicita Apoyo: Compartir tus metas con amigos, familiares o un terapeuta puede brindarte una capa adicional de apoyo y responsabilidad. Ellos pueden ofrecerte aliento en los momentos difíciles y celebrar tus éxitos contigo.

Establecer y trabajar hacia nuevas metas es una parte vital de reconstruir tu identidad después de la depresión. A través de este proceso, puedes descubrir nuevos intereses, pasiones y fortalezas, ayudándote a forjar un camino hacia una vida más satisfactoria y con propósito.

Cultivando Relaciones Saludables

La reconstrucción de la identidad después de la depresión también implica examinar y, a menudo, reconstruir las relaciones personales. Durante períodos de depresión, las relaciones pueden sufrir o cambiar de forma significativa, y parte de la recuperación implica cultivar relaciones saludables y de apoyo. Estas relaciones no solo proporcionan una red de seguridad emocional, sino que también reflejan y fortalecen la comprensión de uno mismo y la identidad en evolución.

Evalúa tus Relaciones Actuales: Reflexiona sobre tus relaciones actuales. ¿Cuáles te brindan apoyo y energía positiva? ¿Hay relaciones que te drenan o contribuyen a sentimientos negativos? Identificar relaciones tóxicas o dañinas es el primer paso hacia el cultivo de un entorno social más saludable.

Establece Límites Saludables: Aprender a establecer lími-

Depresión: K.O. en el primer asalto
Miguel Ángel Segura

tes saludables es crucial para mantener relaciones positivas. Los límites claros protegen tu espacio emocional y físico, permitiéndote interactuar con los demás de manera que sea respetuosa tanto para ti como para ellos.

Comunicación Abierta y Honesta: La comunicación efectiva es la base de cualquier relación saludable. Expresar tus necesidades, deseos y preocupaciones de manera abierta y honesta puede mejorar la comprensión mutua y el respeto. Escuchar activamente a los demás también es importante para construir relaciones fuertes y de apoyo.

Busca Relaciones que Reflejen tus Valores: A medida que trabajas para reconstruir tu identidad, busca establecer nuevas relaciones con personas que compartan tus valores e intereses. Participar en actividades grupales, clases o grupos de apoyo son excelentes maneras de conocer personas con intereses similares.

Cultiva la Autocompasión: Tratar a los demás con amabilidad y compasión comienza por tratarse a sí mismo de la misma manera. La autocompasión fomenta una actitud positiva que puede irradiar hacia tus relaciones, atrayendo a aquellos que valoran y respetan tu bienestar.

Reconoce la Importancia del Apoyo: No subestimes el valor del apoyo emocional de amigos, familiares y seres queridos. Este apoyo puede ser un pilar en tu proceso de recuperación y reconstrucción de la identidad. Aceptar ayuda no es un signo de debilidad, sino una parte integral de construir una vida plena.

Depresión: K.O. en el primer asalto

Miguel Ángel Segura

Cultivar relaciones saludables es un proceso continuo que requiere tiempo, esfuerzo y reflexión. A medida que avanzas en tu recuperación de la depresión, las relaciones que fomentas pueden ofrecerte un espejo del progreso que has hecho, celebrando quién eres y quién te estás convirtiendo.

Manteniendo la Recuperación

Creando un Plan de Bienestar Personalizado

El mantenimiento de la recuperación de la depresión es un proceso continuo que requiere atención consciente y esfuerzo proactivo. Crear un plan de bienestar personalizado es una estrategia efectiva para mantenerse en el camino hacia la salud mental a largo plazo. Este plan actúa como una guía personalizada, incorporando las estrategias de manejo que mejor funcionan para ti y preparándote para enfrentar futuros desafíos.

Identifica tus Gatillos: Conocer los factores o situaciones que pueden desencadenar tus síntomas de depresión es el primer paso para crear tu plan de bienestar. Estos gatillos pueden ser estrés en el trabajo, conflictos en relaciones, cambios en la rutina diaria, o incluso ciertas épocas del año.

Estrategias de Afrontamiento: Basándote en tus experiencias previas y en lo que has aprendido sobre ti mismo durante el tratamiento, identifica las estrategias de afrontamiento que te han sido más útiles. Esto puede incluir técnicas de relajación, ejercicio regular, prácticas de mindfulness, o actividades creativas.

Plan de Acción para Manejar los Gatillos: Desarrolla un plan de acción específico para cada gatillo identificado. Esto podría involucrar pasos concretos que tomarás cuando te encuentres en una situación estresante, cómo evitarás ciertos desencadenantes cuando sea posible, y cómo aplicarás tus estrategias de afrontamiento.

Apoyo Social: Incluye en tu plan cómo y cuándo buscarás apoyo de amigos, familiares, o profesionales de la salud mental. Tener una red de apoyo accesible y saber cuándo utilizarla puede ser crucial durante los momentos difíciles.

Monitoreo y Ajustes: Reconoce que tu plan de bienestar es un documento vivo que puede necesitar ajustes a medida que cambian tus circunstancias o como resultado de tu crecimiento personal. Realiza revisiones regulares de tu plan y ajusta las estrategias según sea necesario.

Autocuidado Diario: Incorpora prácticas de autocuidado diario en tu plan. Estas pueden variar desde asegurarte de tener suficiente sueño y nutrición adecuada hasta dedicar tiempo a hobbies y actividades que disfrutas.

Preparación para Reveses: Parte de mantener la recuperación es reconocer que puede haber reveses. Tu plan debe incluir estrategias para lidiar con estos momentos, recordándote que son temporales y que tienes las herramientas para superarlos.

Crear y seguir un plan de bienestar personalizado te empodera para tomar control activo de tu salud mental. Este enfoque proactivo

Depresión: K.O. en el primer asalto
Miguel Ángel Segura

no solo ayuda a prevenir recaídas en la depresión sino que también promueve una vida más plena y satisfactoria.

La Importancia de la Continuidad del Tratamiento

La continuidad del tratamiento es crucial para mantener la recuperación de la depresión y prevenir recaídas. Una vez que se han logrado mejoras en los síntomas, puede ser tentador considerar el tratamiento como completo. Sin embargo, la depresión es a menudo una condición crónica que requiere un enfoque a largo plazo para manejarla efectivamente. Mantenerse comprometido con el tratamiento y las estrategias de autocuidado puede ayudar a sostener el progreso realizado y afrontar desafíos futuros.

Seguimiento Regular con Profesionales de la Salud: Continuar las citas de seguimiento con tu médico o terapeuta, incluso después de sentirte mejor, es esencial. Estas citas pueden servir para monitorear tu estado de ánimo, ajustar tratamientos si es necesario, y abordar cualquier problema emergente antes de que se convierta en una crisis.

Adherencia a la Medicación: Si te han recetado medicamentos antidepresivos, es importante tomarlos según las indicaciones. Interrumpir la medicación sin la supervisión de un profesional de la salud puede aumentar el riesgo de recaída. Discute cualquier efecto secundario o preocupación con tu médico, quien puede ajustar la dosis o cambiar el medicamento si es necesario.

Terapia Continuada: La terapia puede proporcionar un espacio valioso para explorar problemas subyacentes, desarrollar habilidades de afrontamiento adicionales y recibir apoyo continuo. Incluso después de una mejora significativa, la terapia puede ayudar a mantener esos logros y abordar nuevos desafíos a medida que surgen.

Educación Continua sobre la Depresión: Mantente informado sobre la depresión y su tratamiento. Entender tu condición puede empoderarte para tomar decisiones informadas sobre tu cuidado y bienestar. También puede ayudarte a reconocer señales de advertencia de una recaída y tomar medidas proactivas.

Estrategias de Autocuidado: Continúa implementando y ajustando tu plan de bienestar personalizado. Las estrategias de autocuidado que promueven la salud física y mental, como la actividad física regular, una nutrición adecuada, y las prácticas de mindfulness, deben permanecer como componentes centrales de tu rutina diaria.

Red de Apoyo: Mantén y fortalece tu red de apoyo social. Las relaciones saludables pueden proporcionar apoyo emocional, reducir el aislamiento y aumentar la sensación de pertenencia y propósito.

La continuidad del tratamiento y el compromiso con un plan de cuidado personalizado son fundamentales para la recuperación a largo plazo de la depresión. Al adoptar un enfoque proactivo y mantener las estrategias que te han ayudado a mejorar, puedes construir una base sólida para sostener tu bienestar y enfrentar los desafíos futuros con confianza.

Desarrollando Resiliencia

Desarrollar resiliencia es un aspecto clave para mantener la recuperación de la depresión y mejorar la capacidad para afrontar futuros desafíos. La resiliencia no implica evitar el estrés, el dolor o la adversidad, sino aprender a enfrentar estas experiencias de manera

Depresión: K.O. en el primer asalto
Miguel Ángel Segura

efectiva. Las personas resilientes son capaces de recuperarse de las dificultades, adaptarse a los cambios y seguir adelante a pesar de los obstáculos.

Comprender la Resiliencia: La resiliencia no es una cualidad con la que se nace, sino una que se puede desarrollar y fortalecer a lo largo del tiempo. Involucra comportamientos, pensamientos y acciones que cualquiera puede aprender y practicar.

Estrategias para Desarrollar Resiliencia:

- **Cultiva una Perspectiva Positiva:** Trabaja en mantener una actitud positiva ante los desafíos. Esto no significa ignorar la realidad o minimizar los problemas, sino reconocer que la adversidad es temporal y que tienes la capacidad de superarla.

- **Construye Relaciones Solidarias:** Las conexiones significativas con familiares, amigos y la comunidad proporcionan apoyo emocional y práctico. No subestimes el poder de sentirse comprendido y apoyado por otros.

- **Establece Metas Realistas:** Fijar y lograr objetivos, incluso si son pequeños, puede aumentar la confianza en tu capacidad para efectuar cambios positivos en tu vida.

Enfrentando el Futuro

Reconociendo el Cambio y la Incertidumbre

Al avanzar en la recuperación de la depresión y mirar hacia el futuro, es natural enfrentar sentimientos de cambio e incertidumbre. Estos sentimientos pueden ser desafiantes, pero también ofrecen una oportunidad para el crecimiento personal y el desarrollo. Aceptar el cambio y aprender a navegar la incertidumbre son habilidades vitales para sostener la recuperación a largo plazo y construir una vida resiliente y satisfactoria.

Aceptar el Cambio: La vida está en constante evolución, y el cambio es inevitable. Aceptar este hecho puede ayudarte a adaptarte más fácilmente a nuevas situaciones, desafíos y oportunidades. La aceptación no significa resignación, sino reconocer la realidad del cambio y trabajar dentro de ese marco para hacer ajustes positivos.

Manejar la Incertidumbre: La incertidumbre sobre el futuro puede ser una fuente significativa de ansiedad y estrés, especialmente después de haber experimentado depresión. Desarrollar estrategias para manejar la incertidumbre puede ayudarte a sentirte más seguro y menos temeroso ante lo desconocido. Esto puede incluir centrarse en el presente, practicar la aceptación y prepararse para diferentes posibilidades sin obsesionarse con ellas.

Crecimiento Personal: El cambio y la incertidumbre pueden ser catalizadores para el crecimiento personal. Estos momentos te desafían a reflexionar sobre tus valores, objetivos y lo que realmente importa en tu vida. Al enfrentar y adaptarte a los cambios, puedes descubrir nuevas fortalezas y capacidades.

Estrategias para Enfrentar el Cambio y la Incertidumbre:

- **Mantén una Rutina Flexible:** Mientras trabajas para aceptar el cambio, mantener una rutina diaria flexible puede proporcionar una sensación de estabilidad y control.

- **Practica la Atención Plena:** La atención plena te ayuda a permanecer anclado en el presente, reduciendo la preocupación por el futuro. Dedica tiempo cada día para prácticas de atención plena, como la meditación o la respiración profunda.

- **Busca Apoyo:** Compartir tus preocupaciones y esperanzas sobre el futuro con amigos de confianza, familiares o un terapeuta puede proporcionarte perspectiva, alivio y estrategias para manejar la incertidumbre.

- **Adáptate y Aprende:** Ve el cambio como una oportunidad para aprender y adaptarte. Cada desafío que superas construye tu resiliencia y te prepara mejor para futuros cambios.

El futuro puede ser incierto, pero también está lleno de posibili-

Depresión: K.O. en el primer asalto
Miguel Ángel Segura

dades. Al reconocer y aceptar el cambio, desarrollar estrategias para manejar la incertidumbre y ver los desafíos como oportunidades para el crecimiento, puedes avanzar con confianza hacia un futuro prometedor, manteniendo tu bienestar y resiliencia a lo largo del camino.

Estableciendo Objetivos Positivos

Mirar hacia el futuro después de superar la depresión implica establecer objetivos positivos que te guíen hacia adelante. Estos objetivos no solo proporcionan dirección y propósito, sino que también pueden ser una fuente de motivación y esperanza. Al definir lo que deseas lograr, puedes trazar un camino claro hacia una vida más plena y satisfactoria.

Define tus Objetivos: Comienza por reflexionar sobre lo que es importante para ti y lo que esperas lograr en diferentes áreas de tu vida, como la salud, la carrera, las relaciones y el crecimiento personal. Establecer objetivos claros y alcanzables te ayuda a enfocar tus esfuerzos y recursos donde más importan.

Objetivos a Corto y Largo Plazo: Diferencia entre tus objetivos a corto plazo, que puedes lograr en el futuro cercano, y aquellos a largo plazo, que requieren más tiempo y planificación. Tener una combinación de ambos puede mantenerte motivado, ya que los logros a corto plazo proporcionan gratificación inmediata y fomentan el progreso hacia metas más grandes.

Planificación y Acción: Una vez que tengas claros tus objetivos, desarrolla un plan de acción que describa los pasos específicos que necesitas tomar para alcanzarlos. Esto puede incluir identificar los recursos que necesitarás, establecer plazos realistas y anticipar posibles obstáculos.

Depresión: K.O. en el primer asalto
Miguel Ángel Segura

Flexibilidad: Si bien es importante tener un plan, también es crucial ser flexible. El camino hacia tus objetivos puede tener imprevistos, por lo que estar abierto a ajustar tus planes y metas según sea necesario te permitirá adaptarte y seguir avanzando.

Celebra tus Logros: Tómate el tiempo para celebrar cada logro en el camino hacia tus metas. Reconocer y valorar tus éxitos, por pequeños que sean, puede aumentar tu autoestima y reforzar tu motivación para seguir adelante.

Busca Apoyo: No tienes que trabajar hacia tus objetivos solo. Compartir tus metas con amigos, familiares o un mentor puede brindarte apoyo adicional, consejos útiles y una dosis extra de motivación. A veces, simplemente hablar sobre tus aspiraciones puede hacerlas sentir más reales y alcanzables.

Establecer y trabajar hacia objetivos positivos es una parte esencial de mirar hacia el futuro después de la depresión. Al centrarte en lo que deseas lograr y tomar medidas proactivas hacia esos objetivos, puedes construir una vida que refleje tus valores, pasiones y esperanzas para el futuro.

Fomentando la Esperanza y el Optimismo

Mirar hacia el futuro con esperanza y optimismo es fundamental para mantener la recuperación de la depresión y construir una vida satisfactoria. La esperanza implica la expectativa de que los buenos tiempos están por venir, mientras que el optimismo se refiere a la confianza en que las cosas saldrán bien, incluso frente a los desafíos. Ambos son recursos poderosos que pueden impulsarte hacia adelante, motivarte a perseguir tus objetivos y ayudarte a enfrentar las incertidumbres del futuro con una perspectiva positiva.

Depresión: K.O. en el primer asalto
Miguel Ángel Segura

Cultiva una Mentalidad Positiva: Practica el enfoque en aspectos positivos de tu vida y las situaciones que enfrentas. Esto no significa ignorar las dificultades, sino equilibrar tu visión para reconocer tanto lo bueno como lo malo. La gratitud diaria, por ejemplo, puede ser una práctica efectiva para fomentar una mentalidad positiva.

Establece Expectativas Realistas: Ser optimista también significa ser realista. Establecer expectativas alcanzables y ajustarlas según sea necesario puede ayudarte a mantenerte motivado y evitar la decepción. Reconoce tus logros, sin importar cuán pequeños sean, y ve cada paso adelante como un progreso.

Construye sobre Experiencias Pasadas: Reflexiona sobre las veces que has superado dificultades en el pasado. Recordar cómo enfrentaste esos desafíos y lo que aprendiste de ellos puede reforzar tu esperanza y confianza en tu capacidad para manejar futuras adversidades.

Rodeate de Influencias Positivas: Las personas y ambientes que te rodean pueden tener un gran impacto en tu perspectiva. Busca amigos, familiares y comunidades que te levanten y apoyen tu visión positiva del futuro. Evita las influencias negativas que pueden socavar tu optimismo y esperanza.

Involúcrate en Actividades Significativas: Participar en actividades que encuentres significativas y satisfactorias puede alimentar tu esperanza y optimismo. Ya sea a través del trabajo, pasatiempos o voluntariado, involucrarte en proyectos que reflejen tus valores y pasiones puede darte un sentido de propósito y realización.

Busca Apoyo Cuando lo Necesites: No dudes en buscar

Depresión: K.O. en el primer asalto
Miguel Ángel Segura

apoyo profesional si te sientes abrumado por el pesimismo o la desesperanza. Los terapeutas y consejeros pueden proporcionarte herramientas y estrategias para construir una perspectiva más positiva.

Mirar hacia el futuro con esperanza y optimismo no siempre es fácil, especialmente después de luchar contra la depresión. Sin embargo, al cultivar conscientemente estos estados de ánimo, puedes mejorar tu bienestar emocional, fomentar la resiliencia y abrirte a las infinitas posibilidades que el futuro tiene para ofrecer.

Viviendo Plenamente Después de la Depresión

Abrazando la Vida con Gratitud

Superar la depresión es un viaje significativo que puede cambiar profundamente tu perspectiva sobre la vida. Una de las transformaciones más poderosas es el desarrollo de una sensación de gratitud. Vivir con gratitud después de la depresión implica reconocer y apreciar las cosas buenas de la vida, tanto grandes como pequeñas, y puede tener un impacto profundo en tu bienestar general.

Reconoce los Momentos de Alegría: Comienza a notar y valorar los momentos de alegría y satisfacción en tu vida diaria. Esto podría ser algo tan simple como disfrutar de una taza de café por la mañana, la calidez del sol en tu rostro, o una conversación agradable con un amigo. Estos momentos pueden parecer pequeños, pero su acumulación puede aumentar significativamente tu aprecio por la vida.

Lleva un Diario de Gratitud: Una práctica efectiva para

Depresión: K.O. en el primer asalto
Miguel Ángel Segura

fomentar la gratitud es llevar un diario donde anotes las cosas por las que estás agradecido cada día. Esto te ayuda a enfocar tu atención en lo positivo y puede ser un recurso valioso para mirar hacia atrás durante los momentos difíciles.

Practica el Mindfulness: La atención plena te enseña a vivir en el momento presente y a apreciar la vida tal como es. Practicar mindfulness puede ayudarte a desarrollar una mayor conciencia de las bendiciones cotidianas y a fomentar un sentido más profundo de gratitud.

Expresa tu Gratitud a Otros: Compartir tu gratitud con los demás no solo enriquece tus relaciones, sino que también refuerza tu propio sentido de aprecio. No subestimes el poder de decir "gracias" o de reconocer la bondad y el apoyo de los demás.

Reflexiona sobre tu Viaje: Considera los desafíos que has enfrentado y cómo te han moldeado. Agradecer las lecciones aprendidas y el crecimiento personal derivado de las experiencias difíciles puede ser una poderosa afirmación de tu fortaleza y resiliencia.

Encuentra Gratitud en los Desafíos: Incluso en las situaciones difíciles, intenta encontrar aspectos por los cuales puedas estar agradecido. Esta no es una tarea fácil, pero con práctica, puedes comenzar a ver los desafíos como oportunidades para aprender y crecer.

Abrazar la vida con gratitud después de superar la depresión puede transformar profundamente tu experiencia del mundo. Cultivar un sentido de gratitud te permite no solo apreciar más la vida, sino también fomentar la positividad, la resiliencia y una conexión más profunda con los demás. Este enfoque agradecido de la vida puede ser un regalo duradero de tu viaje a través de la depresión.

Relaciones sociales

Después de la depresión, las relaciones personales pueden requerir atención y cuidado para reconstruirse y fortalecerse. Durante los períodos de depresión, es común que las relaciones sufran debido a la retirada social, la falta de energía o el cambio en la dinámica emocional. A medida que avanzas en tu recuperación, reconstruir estas conexiones puede ser un componente vital de vivir plenamente.

Comunicación Abierta: Una comunicación honesta y abierta es fundamental para reconstruir relaciones. Explica a tus seres queridos lo que has estado experimentando y cómo te sientes ahora. Muchas personas querrán apoyarte pero pueden no saber cómo hacerlo o qué ha cambiado desde tu recuperación.

Establece Expectativas Realistas: Tanto tú como tus seres queridos necesitarán tiempo para ajustarse a los cambios en tu relación. Sé paciente contigo mismo y con los demás, y reconoce que la reconstrucción de la confianza y la comprensión mutua puede llevar tiempo.

Prioriza Relaciones Clave: Concéntrate en las relaciones que son más significativas y beneficiosas para tu bienestar. Estas son a menudo las conexiones que proporcionan apoyo, comprensión y aceptación incondicional.

Participa en Actividades Conjuntas: Las actividades compartidas pueden ser una excelente manera de reconectar y fortalecer las relaciones. Busca oportunidades para pasar tiempo juntos, ya sea a través de pasatiempos compartidos, salidas regulares o simplemente tiempo de calidad en casa.

Aprende a Pedir y Ofrecer Apoyo: La depresión puede enseñarte mucho sobre la importancia del apoyo emocional. Utiliza estos aprendizajes para no solo pedir apoyo cuando lo necesites, sino también para ser más consciente y receptivo a las necesidades de los demás.

Agradece el Apoyo Recibido: Reconoce y agradece a aquellos que te han apoyado a través de tu lucha con la depresión. Un simple "gracias" puede significar mucho y reforzar la apreciación mutua en tus relaciones.

Busca Apoyo Profesional si es Necesario: Si encuentras desafíos específicos en tus relaciones que son difíciles de superar, considera buscar la ayuda de un terapeuta. La terapia de pareja o familiar puede proporcionar herramientas y estrategias para mejorar la comunicación y resolver conflictos.

Reconstruir relaciones después de la depresión puede ser un proceso desafiante, pero también es una oportunidad para profundizar y enriquecer estas conexiones. Al abordar conscientemente tus relaciones con comunicación, paciencia y gratitud, puedes fortalecer los lazos que te apoyan en vivir una vida plena y satisfactoria.

Dar gratitud

Una vez que has avanzado en tu recuperación de la depresión, buscar maneras de contribuir a tu comunidad puede ser una fuente significativa de satisfacción y propósito. El acto de dar, ya sea a través del tiempo, la energía o los recursos, puede no solo enriquecer la vida de otros, sino también profundizar tu propio sentido de conexión y bienestar. Participar en actividades comunitarias y de voluntariado puede ofrecer perspectivas nuevas, fomentar la gratitud y reforzar tu recuperación al recordarte tu capacidad para hacer una diferencia positiva.

Encuentra Causas que Resuenen Contigo: Busca oportunidades de voluntariado que se alineen con tus intereses, pasiones o experiencias personales. Esto puede hacer que tu contribución se sienta más gratificante y significativa. Ya sea que te importen los animales, el medio ambiente, la educación o ayudar a aquellos en necesidad, hay muchas organizaciones que pueden beneficiarse de tu apoyo.

Comienza Pequeño: Si eres nuevo en el voluntariado o aún estás construyendo tu resistencia después de la depresión, comienza con compromisos pequeños y manejables. Esto puede ayudarte a evitar sentirte abrumado y te permite ajustar tu nivel de participación a medida que crece tu confianza y capacidad.

Construye Conexiones: El voluntariado te coloca en contacto con personas que comparten tus valores e intereses, lo que puede ser una excelente manera de construir nuevas relaciones y fortalecer tu red de apoyo social. Estas conexiones pueden proporcionarte un sentido de pertenencia y comunidad.

Reconoce tu Impacto: Toma un momento para reflexionar sobre el impacto positivo de tus acciones en la comunidad. Saber que estás contribuyendo al bienestar de los demás y haciendo una diferencia tangible puede ser increíblemente gratificante y fortalecer tu autoestima.

Depresión: K.O. en el primer asalto
Miguel Ángel Segura

Encuentra Equilibrio: Mientras que dar a los demás puede ser enriquecedor, también es importante mantener un equilibrio saludable y asegurarte de no descuidar tus propias necesidades de autocuidado. Escucha a tu cuerpo y a tu mente, y asegúrate de que tu voluntariado complemente tu bienestar general.

Considera el Activismo: Si estás apasionado por ciertas causas o problemas sociales, involucrarte en el activismo puede ser otra forma de contribuir y sentir que estás haciendo un cambio positivo en el mundo. El activismo puede tomar muchas formas, desde la participación en marchas y firmas de peticiones hasta el trabajo educativo o la recaudación de fondos.

Contribuir a la comunidad después de superar la depresión puede ser una parte poderosa de vivir plenamente. No solo te permite extender una mano a aquellos que la necesitan, sino que también te ayuda a redescubrir tus fortalezas, pasiones y el valor que aportas al mundo. Al dar, no solo cambias la vida de otros, sino que también continúas tu propio viaje de crecimiento y recuperación.

Navegando por Retos Futuros

Preparación para Posibles Reveses

Incluso después de haber hecho progresos significativos en la recuperación de la depresión, es importante reconocer que los reveses son una posibilidad. La vida está llena de cambios e incertidumbres, y en ocasiones, estos pueden desencadenar una recaída en los síntomas de depresión. Sin embargo, estar preparado para estos reveses y saber cómo afrontarlos puede marcar una gran diferencia en tu capacidad para manejarlos y recuperarte de ellos.

Reconocimiento Temprano de Señales de Alerta: Una parte clave de la preparación es ser capaz de reconocer tus propias señales de alerta de una recaída. Esto puede incluir cambios en tus patrones de sueño, apetito, nivel de energía, o interés en actividades que normalmente disfrutas. Detectar estos signos tempranamente puede permitirte tomar medidas proactivas antes de que los síntomas se intensifiquen.

Mantenimiento de Estrategias de Afrontamiento: Continuar practicando las estrategias de afrontamiento que has aprendido durante tu recuperación, como la meditación, el ejercicio físico, o técnicas de respiración, puede ser vital para manejar el estrés y evitar una recaída.

Plan de Acción Personalizado: Desarrollar un plan de acción personalizado para reveses potenciales puede darte una sensación de control y preparación. Este plan puede incluir pasos específicos que tomarás si notas señales de advertencia, personas de contacto para buscar apoyo, y recordatorios de las técnicas y recursos que te han ayudado en el pasado.

Buscar Apoyo: No dudes en buscar apoyo de amigos, familiares o profesionales de la salud mental si sientes que estás comenzando a luchar nuevamente. Compartir tus preocupaciones y buscar ayuda tempranamente es fundamental para prevenir una recaída completa.

Adaptabilidad y Aceptación: Aceptar que los reveses pueden ser parte del proceso de recuperación te permite enfrentarlos con una mentalidad más abierta y adaptativa. En lugar de verlos como fracasos, intenta verlos como oportunidades para aprender y fortalecer aún más tus habilidades de afrontamiento.

Cuidado Personal Continuado: Mantener rutinas regulares de cuidado personal, incluyendo una alimentación saludable, ejercicio regular, y tiempo suficiente para el descanso y la relajación, es esencial para mantener tu bienestar mental.

Prepararse para posibles reveses no significa vivir en temor a ellos, sino más bien equiparse con las herramientas y el conocimiento necesarios para enfrentar los desafíos a medida que surgen. Al adoptar un enfoque proactivo y mantener un compromiso continuo con tu bienestar, puedes navegar por los retos futuros con confianza y resiliencia.

Desarrollar y fortalecer la resilencia

Desarrollar y fortalecer la resiliencia emocional es esencial para navegar por los retos futuros de manera efectiva. La resiliencia emocional te permite recuperarte de las dificultades y adaptarte a los cambios y desafíos con una actitud positiva. Este proceso no solo es crucial para prevenir recaídas en la depresión, sino que también promueve una vida más plena y satisfactoria.

Entiende la Resiliencia como una Habilidad: La resiliencia emocional no es una cualidad innata, sino una habilidad que se puede desarrollar y fortalecer con el tiempo. Reconoce que cada experiencia desafiante ofrece una oportunidad para aprender y crecer.

Mantén Conexiones Significativas: Las relaciones de apoyo juegan un papel crucial en la resiliencia emocional. Cultiva relaciones sólidas con amigos, familiares y compañeros que te proporcionen comprensión y apoyo. No subestimes el poder de una red de apoyo fuerte.

Practica el Optimismo Realista: Mantener una perspectiva positiva sin ignorar la realidad puede ayudarte a enfrentar las adversidades de manera más efectiva. El optimismo realista implica esperar lo mejor, pero también estar preparado para manejar los desafíos.

Cuida tu Salud Física: La salud física y la salud mental están profundamente conectadas. Asegúrate de cuidar tu cuerpo a través de una nutrición adecuada, ejercicio regular y sueño suficiente, ya que esto puede tener un impacto positivo en tu resiliencia emocional.

Desarrolla la Conciencia de Sí Mismo: Tómate el tiempo para reflexionar sobre tus pensamientos, emociones y comportamientos. Comprender tus patrones de pensamiento y cómo reaccionas ante el estrés puede ayudarte a identificar áreas para el crecimiento personal y mejorar tus estrategias de afrontamiento.

Aprende Nuevas Estrategias de Afrontamiento: Explora y adopta nuevas técnicas de manejo del estrés, como la meditación, la escritura, o el arte. Diversificar tus herramientas de afrontamiento puede hacerte más adaptable a diferentes tipos de desafíos.

Establece y Persigue Metas: Fijar objetivos claros y alcanzables te da un sentido de dirección y propósito. Lograr estos objetivos, incluso los pequeños, puede aumentar tu confianza y reforzar tu creencia en tu capacidad para superar obstáculos.

Acepta y Adapta: Aprende a aceptar que el cambio es una parte inevitable de la vida y que no todos los aspectos están bajo tu control. La adaptabilidad es una característica clave de la resiliencia emocional, permitiéndote ajustar tus expectativas y enfoques según sea necesario.

Fortalecer tu resiliencia emocional es un proceso continuo que requiere dedicación y práctica. Al invertir en tu bienestar emocional y desarrollar estas habilidades, estarás mejor equipado para manejar los retos futuros, mantener tu recuperación de la depresión y vivir una vida rica y gratificante.

Depresión: K.O. en el primer asalto
Miguel Ángel Segura

Adoptando un Enfoque Proactivo hacia la Salud Mental

Adoptar un enfoque proactivo hacia la salud mental es esencial para navegar por los desafíos futuros y mantener la recuperación a largo plazo de la depresión. Esto implica tomar medidas conscientes para cuidar tu bienestar emocional, estar atento a las señales de advertencia de recaídas y buscar ayuda cuando sea necesario. Al priorizar tu salud mental y tomar medidas preventivas, puedes fortalecer tu resiliencia y mejorar tu capacidad para manejar las adversidades.

Educación Continua: Mantente informado sobre la depresión y la salud mental. Comprender los factores de riesgo, las señales de advertencia y las estrategias de afrontamiento puede empoderarte para tomar decisiones informadas sobre tu cuidado.

Estrategias de Autocuidado: Incorpora prácticas regulares de autocuidado en tu vida diaria. Esto puede incluir actividades que promuevan la relajación y el bienestar, como el ejercicio, la meditación, las aficiones creativas y el tiempo en la naturaleza.

Monitoreo de Síntomas: Sé consciente de tus patrones emocionales y comportamentales, y monitorea activamente cualquier cambio que pueda indicar un deslizamiento hacia la depresión. Reconocer estas señales temprano puede permitirte tomar medidas correctivas antes de que los síntomas se intensifiquen.

Apoyo Profesional: Mantén una relación abierta y continua con profesionales de la salud mental, incluso cuando te sientas bien. Las revisiones periódicas pueden proporcionar un espacio seguro para discutir cualquier preocupación y ajustar tu plan de tratamiento según sea necesario.

Depresión: K.O. en el primer asalto
Miguel Ángel Segura

Red de Apoyo: Cultiva y mantiene una red de apoyo de amigos, familiares y compañeros que entiendan tu experiencia con la depresión y puedan ofrecerte aliento y comprensión. No tengas miedo de pedir ayuda o compartir tus sentimientos con estas personas de confianza.

Prevención de Reveses: Si bien no siempre es posible prevenir los reveses, puedes desarrollar un plan de acción para cómo responderás a ellos. Esto puede incluir estrategias específicas de afrontamiento, personas a contactar para obtener apoyo y cómo ajustar tu rutina diaria para manejar mejor el estrés.

Flexibilidad y Adaptabilidad: Sé flexible y abierto a ajustar tus estrategias de salud mental según cambien tus necesidades y circunstancias. La capacidad de adaptarse es una parte clave de mantener el bienestar a largo plazo.

Adoptar un enfoque proactivo hacia tu salud mental te coloca en una posición fuerte para enfrentar los retos futuros. Al priorizar tu bienestar, educarte sobre la depresión y comprometerte con prácticas de autocuidado y estrategias preventivas, puedes navegar por la vida con mayor confianza y resiliencia, manteniendo la recuperación y disfrutando de una vida plena y satisfactoria.

Depresión: K.O. en el primer asalto
Miguel Ángel Segura

Superando el Estigma

Entendiendo el Estigma

El estigma asociado con la depresión y otras condiciones de salud mental puede ser uno de los obstáculos más difíciles de superar para quienes buscan ayuda y comprensión. Este estigma puede manifestarse de muchas maneras, desde prejuicios y discriminación hasta el autoestigma, donde las personas internalizan estas actitudes negativas. Entender el estigma y trabajar activamente para contrarrestarlo es crucial no solo para el bienestar individual, sino también para fomentar una sociedad más compasiva y empática.

Formas de Estigma:

- **Estigma Social:** Incluye las actitudes y creencias negativas que la sociedad tiene hacia las personas con condiciones de salud mental. Esto puede llevar a la discriminación, el aislamiento y el rechazo de quienes sufren de depresión.

- **Estigma Institucional:** Se refiere a las políticas y prácticas de instituciones que limitan las oportunidades de las personas con trastornos de salud mental. Esto puede incluir dificultades en el lugar de trabajo, en el sistema educativo y en el acceso a servicios de atención médica.

- **Autoestigma:** Ocurre cuando las personas con depresión internalizan las percepciones negativas, lo que puede deteriorar su autoestima y obstaculizar la búsqueda de ayuda.

Impacto del Estigma:

- **Barreras para Buscar Ayuda:** El miedo al juicio puede impedir que las personas busquen el tratamiento que necesitan, lo que a menudo conduce a un empeoramiento de los síntomas.

- **Aislamiento Social:** El estigma puede llevar a las personas con depresión a aislarse para evitar el juicio y la discriminación, lo que puede intensificar los sentimientos de soledad y desesperanza.

- **Complicaciones en la Recuperación:** El estigma no solo afecta la voluntad de buscar ayuda, sino que también puede influir negativamente en el proceso de recuperación, haciendo más difícil para las personas sentirse comprendidas y apoyadas.

Combatiendo el Estigma:

- **Educación:** Informar al público sobre la depresión y desmentir mitos comunes puede ayudar a cambiar actitudes y percepciones.

- **Conversaciones Abiertas:** Hablar abiertamente sobre la salud mental fomenta un ambiente de comprensión y aceptación.

Depresión: K.O. en el primer asalto
Miguel Ángel Segura

Compartir experiencias personales puede ser particularmente poderoso.

- **Apoyo a los Afectados:** Ofrecer apoyo y comprensión a aquellos que luchan contra la depresión es esencial para superar el estigma. Esto incluye escuchar sin juzgar y ofrecer aliento.

- **Abogacía:** Defender políticas y prácticas que promuevan la equidad y el acceso a servicios de salud mental es crucial para combatir el estigma a nivel institucional.

Superar el estigma requiere un esfuerzo colectivo para cambiar la forma en que la sociedad ve la depresión y otras condiciones de salud mental. Al promover la educación, la comprensión y el apoyo, podemos trabajar hacia un futuro donde el estigma ya no sea una barrera para el bienestar y la recuperación.

Empoderamiento a través de la Educación y la Comunidad

Una de las estrategias más efectivas para superar el estigma asociado con la depresión es el empoderamiento a través de la educación y la construcción de una comunidad solidaria. Informarse sobre la depresión y conectarse con otros que han tenido experiencias similares puede romper el aislamiento y fortalecer la resiliencia frente al juicio y la discriminación.

Educación y Autoconciencia:

- **Informarse:** Obtener información precisa sobre la depresión ayuda a desmitificarla y a comprenderla como una condición médica legítima, no como una falla personal o una debilidad. Esto es vital tanto para quienes experimentan la depresión como para el público en general.

- **Autoeducación:** Para quienes viven con depresión, conocer en profundidad su propia condición puede fomentar una sensación de control y preparación para abogar por sí mismos en diferentes contextos, incluidos los entornos médicos y sociales.

Construcción de Comunidad:

- **Grupos de Apoyo:** Participar en grupos de apoyo, ya sea en persona o en línea, permite a las personas compartir experiencias y estrategias de afrontamiento en un entorno comprensivo. Esta conexión reduce la sensación de aislamiento y fomenta una red de apoyo empática.

- **Iniciativas Comunitarias:** Involucrarse en iniciativas que promuevan la conciencia y la aceptación de la salud mental puede ayudar a cambiar las percepciones públicas. Esto puede incluir eventos de recaudación de fondos, campañas de sensibilización y programas educativos.

Defensa de los Derechos:

- **Abogacía Personal:** Aprender a hablar abiertamente sobre la depresión con amigos, familiares y colegas puede ser un acto poderoso de autoafirmación y puede cambiar las actitudes de las personas en tu entorno inmediato.

- **Abogacía Colectiva:** Unirse a organizaciones o movimientos que luchen por los derechos y el bienestar de las personas con condiciones de salud mental puede amplificar el impacto y llevar a cambios a nivel político y social.

Cuidado Personal y Empoderamiento:

- **Estrategias de Autocuidado:** Desarrollar y mantener rutinas de autocuidado refuerza el bienestar personal y la capacidad de enfrentar el estigma. Esto incluye prácticas de salud física, mental y emocional.

- **Fortalecimiento de la Identidad:** Centrarse en las fortalezas personales y los logros, en lugar de en las limitaciones impuestas por la depresión o el estigma, puede fomentar una identidad más positiva y empoderada.

El empoderamiento a través de la educación y la comunidad no solo ayuda a superar el estigma de la depresión, sino que también promueve una mayor comprensión, aceptación y apoyo dentro de la sociedad. Al levantar la voz y construir puentes de solidaridad, podemos desafiar las percepciones negativas y avanzar hacia una cultura de compasión y respeto por la salud mental.

Promoviendo el Cambio en la Sociedad

Superar el estigma asociado con la depresión y otras enfermedades mentales requiere un cambio en la sociedad que promueva la comprensión, la aceptación y el apoyo. Este cambio implica esfuerzos a varios niveles, desde la interacción individual hasta las políticas públicas, y requiere la participación activa de diversos actores, incluidos individuos, comunidades, profesionales de la salud y líderes políticos.

Depresión: K.O. en el primer asalto
Miguel Ángel Segura

Educación Pública: Una estrategia clave es la educación del público sobre la salud mental. Las campañas de sensibilización y educación pueden ayudar a desmitificar la depresión, mostrándola como una condición médica que puede afectar a cualquiera y que es tratable. Estas campañas también pueden destacar la importancia del apoyo y la compasión hacia quienes experimentan desafíos de salud mental.

Medios de Comunicación Responsables: Los medios de comunicación juegan un papel crucial en la formación de percepciones públicas. Fomentar la representación precisa y sensible de la salud mental en los medios puede reducir el estigma y promover una comprensión más profunda. Esto incluye evitar el uso de lenguaje estigmatizante y proporcionar historias que reflejen la complejidad y la humanidad de vivir con condiciones de salud mental.

Políticas y Prácticas Inclusivas: En el ámbito institucional, es fundamental implementar políticas y prácticas que promuevan la igualdad y el acceso a los servicios de salud mental. Esto incluye políticas laborales que apoyen la salud mental de los empleados, el acceso equitativo a la atención médica de calidad y el apoyo a la investigación en salud mental.

Empoderamiento y Autodefensa: Animar y capacitar a las personas para que hablen sobre sus propias experiencias con la depresión puede tener un impacto poderoso. Las historias personales pueden cambiar actitudes, inspirar a otros y fomentar un sentido de comunidad y solidaridad.

Apoyo a la Innovación en el Tratamiento: Apoyar la innovación y la investigación en el tratamiento de la depresión y otras

Depresión: K.O. en el primer asalto
Miguel Ángel Segura

condiciones de salud mental es vital para mejorar los resultados y disminuir el estigma. Esto incluye tanto tratamientos médicos como enfoques terapéuticos y de apoyo.

Participación Comunitaria: Fomentar la participación comunitaria en el apoyo a la salud mental puede crear redes de apoyo más fuertes y promover una cultura de cuidado y compasión. Las iniciativas comunitarias pueden variar desde grupos de apoyo hasta programas educativos y eventos de sensibilización.

Promover el cambio en la sociedad para superar el estigma de la salud mental es un esfuerzo colectivo que requiere compromiso y acción continuos. Al trabajar juntos para educar, apoyar y defender, podemos construir una sociedad más inclusiva y compasiva que reconozca la salud mental como una parte integral del bienestar general.

El Viaje Continúa

Reflexiones sobre el Camino Recorrido

El proceso de recuperación de la depresión es, en muchos sentidos, un viaje continuo de autodescubrimiento, crecimiento y adaptación. Mirar hacia atrás y reflexionar sobre el camino recorrido puede proporcionar valiosas lecciones, fortalecer la resiliencia y fomentar un sentido de logro y esperanza para el futuro. Reconocer los desafíos superados, los momentos de crecimiento y los cambios en uno mismo es crucial para apreciar la profundidad y el significado de este viaje.

Reconocer los Desafíos Superados: La recuperación de la depresión implica enfrentar y superar numerosos desafíos, tanto grandes como pequeños. Reconocer estos obstáculos y recordar cómo los has superado puede fortalecer tu sentido de capacidad y resiliencia.

Valorar el Crecimiento Personal: A lo largo de tu recuperación, es probable que hayas experimentado un crecimiento personal significativo. Esto puede incluir una mayor comprensión de ti mismo, el desarrollo de nuevas habilidades de afrontamiento o una perspectiva cambiada sobre la vida y las relaciones. Reflexionar sobre estos cambios puede ser una fuente de orgullo y satisfacción.

Agradecer el Apoyo Recibido: El camino hacia la recuperación rara vez se recorre solo. Tomarse un momento para reflexionar sobre el apoyo que has recibido de amigos, familiares, profesionales de la salud y otros puede reforzar la gratitud y el aprecio por las conexiones significativas en tu vida.

Reconocer la Fortaleza Interior: Superar la depresión requiere una fortaleza y una determinación considerables. Reconocer tu propia fortaleza interior y resistencia, incluso en los momentos más difíciles, puede fomentar un sentido de autoeficacia y confianza.

Mirar hacia el Futuro con Esperanza: Aunque el viaje de recuperación puede tener altibajos, mirar hacia atrás al camino recorrido puede proporcionar una base sólida de esperanza y optimismo para el futuro. Cada paso en el camino contribuye a tu capacidad para enfrentar desafíos futuros con confianza y resiliencia.

Continuar Aprendiendo y Creciendo: La recuperación es un proceso continuo, y siempre hay más que aprender y formas de crecer. Mantener una actitud de curiosidad y apertura hacia nuevas experiencias y lecciones puede enriquecer tu viaje y abrirte a nuevas posibilidades.

Reflexionar sobre el camino recorrido en la recuperación de la depresión es un acto de reconocimiento y celebración de tu viaje personal. Al hacerlo, puedes reafirmar tu capacidad para superar adversidades, apreciar el crecimiento logrado y mirar hacia el futuro con una renovada sensación de esperanza y propósito.

Manteniendo la Esperanza en Tiempos Difíciles

La esperanza es un faro que guía a través de los tiempos difíciles, una fuerza vital en el viaje de recuperación de la depresión. Aunque el camino puede estar lleno de incertidumbres y desafíos, mantener la esperanza es esencial para superar los obstáculos y seguir avanzando. Cultivar y sostener la esperanza durante los períodos difíciles requiere intención y esfuerzo, pero es fundamental para una recuperación duradera y un bienestar a largo plazo.

Conecta con tu Porqué: Recordar por qué comenzaste tu viaje de recuperación puede servir como un poderoso recordatorio de tus objetivos y aspiraciones. Ya sea para mejorar tu bienestar, fortalecer tus relaciones o lograr tus sueños, conectarte con tus razones subyacentes puede reavivar tu sentido de propósito y esperanza.

Encuentra Inspiración: Busca historias de otras personas que han superado la depresión y desafíos similares. Escuchar sobre sus experiencias y cómo mantuvieron la esperanza puede inspirarte y recordarte que la recuperación es posible.

Crea una Red de Apoyo: Rodearte de personas que creen en ti y en tu capacidad para superar la depresión puede reforzar tu propia esperanza. La familia, los amigos, los grupos de apoyo y los profesionales de la salud mental pueden ofrecerte ánimo y perspectiva cuando más lo necesitas.

Practica la Gratitud: Centrarte en lo que agradeces, incluso en los momentos difíciles, puede cambiar tu enfoque de lo que falta a lo que está presente. La gratitud puede ampliar tu visión y abrir tu corazón a la esperanza.

Establece Metas Pequeñas: Establecer y lograr metas pequeñas y manejables puede proporcionarte un sentido de logro y progreso. Cada pequeño éxito es un paso hacia adelante en tu viaje y una razón para mantener la esperanza.

Cuida tu Bienestar: Mantener prácticas de autocuidado que fomenten tu salud física, emocional y mental es crucial. El ejercicio regular, una alimentación saludable, el sueño reparador y las actividades que te brindan alegría pueden fortalecer tu capacidad para mantener la esperanza en tiempos difíciles.

Sé Gentil Contigo Mismo: Reconoce que está bien tener días difíciles y sentirse desanimado en ocasiones. Sé compasivo contigo mismo durante estos tiempos, recordándote que la recuperación es un proceso y que está bien pedir ayuda.

Mantener la esperanza en tiempos difíciles es un acto de valentía y un componente clave del viaje hacia la recuperación. Al abrazar la esperanza y tomar medidas activas para cultivarla, puedes encontrar la fuerza para enfrentar desafíos, superar obstáculos y seguir avanzando hacia un futuro más brillante y satisfactorio.

Abrazando el Cambio como una Constante

El viaje de recuperación de la depresión enseña muchas lecciones, una de las más importantes es que el cambio es una constante en la vida. Aceptar y abrazar el cambio, en lugar de resistirse a él, puede transformar cómo experimentas tu viaje hacia adelante, permitiéndote adaptarte, crecer y encontrar nuevas oportunidades incluso en medio de la incertidumbre.

Aceptar el Cambio: Comprender que el cambio es inevitable te ayuda a liberarte de la lucha por mantener las cosas exactamente como están. Esta aceptación no significa resignación, sino reconocer que el cambio puede traer tanto desafíos como oportunidades para el crecimiento personal.

Flexibilidad y Adaptabilidad: Desarrollar la flexibilidad te permite ajustarte más fácilmente a las nuevas circunstancias y encontrar soluciones creativas a los problemas. La adaptabilidad es una habilidad clave para navegar por la vida de manera efectiva, permitiéndote enfrentar los cambios con una actitud más abierta y resiliente.

Aprender de las Experiencias: Cada cambio, ya sea deseado o inesperado, trae consigo la oportunidad de aprender algo nuevo. Reflexionar sobre cómo los cambios afectan tu vida y lo que pueden enseñarte fortalece tu autoconocimiento y capacidad de afrontamiento.

Mantener una Perspectiva Positiva: Intenta ver el cambio como una oportunidad para la evolución personal y la renovación. Una perspectiva positiva puede motivarte a explorar nuevas direcciones y posibilidades que quizás no hayas considerado antes.

Cultivar la Resiliencia: La resiliencia te permite recuperarte de los desafíos y continuar avanzando. Abrazar el cambio como una constante contribuye a tu resiliencia, enseñándote a perseverar a través de la incertidumbre con confianza y esperanza.

Depresión: K.O. en el primer asalto
Miguel Ángel Segura

Construir y Mantener Relaciones de Apoyo: Las relaciones sólidas proporcionan estabilidad y apoyo a medida que navegas por el cambio. Cultivar conexiones significativas te da un sentido de continuidad y seguridad en medio del cambio.

Establecer Objetivos Flexibles: Establecer objetivos que puedan adaptarse a nuevas circunstancias te ayuda a mantener el rumbo sin sentirte restringido por expectativas rígidas. Esta flexibilidad en la planificación permite el crecimiento y la exploración personales.

Abrazar el cambio como una constante en la vida te prepara para enfrentar el futuro con una actitud adaptable y abierta. Al reconocer que el cambio es tanto una fuente de desafíos como de oportunidades, puedes continuar tu viaje de recuperación con confianza, listo para experimentar el crecimiento y las posibilidades que cada nuevo día trae.

Conclusión

El Poder de la Resiliencia

Al llegar al final de este libro sobre la depresión y el viaje hacia la recuperación, es crucial reconocer el poder de la resiliencia que cada individuo lleva dentro. La resiliencia no es simplemente la capacidad de recuperarse de los desafíos; es también la habilidad para crecer, aprender y prosperar a raíz de las adversidades. Este viaje hacia y a través de la recuperación de la depresión ilustra la increíble fortaleza que reside en la capacidad humana de enfrentar la oscuridad y mo verse hacia la luz.

La resiliencia se forja en el reconocimiento de que, aunque la depresión puede haber sido una parte de tu historia, no define quién eres ni quién puedes llegar a ser. Cada paso dado en el camino hacia la recuperación refleja una elección: la elección de buscar ayuda, de enfrentar el dolor, de aprender nuevas formas de afrontamiento, y de abrirse a la posibilidad de cambio.

Depresión: K.O. en el primer asalto

Miguel Ángel Segura

Apreciar el Viaje:

El viaje hacia la recuperación es tan importante como el destino final. Las lecciones aprendidas, las relaciones forjadas y reforzadas, y el conocimiento adquirido sobre uno mismo son tesoros que se llevan adelante, iluminando el camino no solo para uno mismo sino también para otros que pueden estar luchando.

Mirar hacia el Futuro:

Mirar hacia el futuro con esperanza y determinación es un testimonio de la resiliencia humana. Este futuro no está exento de desafíos, pero está lleno de posibilidades infinitas para el crecimiento, la felicidad y el cumplimiento. La recuperación de la depresión abre nuevas puertas, invitándote a explorar quién eres y quién deseas ser.

Compartir tu Historia:

Compartir tu historia de lucha y recuperación puede ser un poderoso acto de valentía que inspira y alienta a otros. La vulnerabilidad conecta a las personas a un nivel profundo, ofreciendo consuelo en el conocimiento de que no están solos en su viaje.

Compromiso Continuo con el Bienestar:

La conclusión de este libro no marca el final del viaje. La salud mental, al igual que la salud física, requiere un compromiso continuo con el autocuidado, la adaptabilidad y el aprendizaje. La vida es un proceso de constante evolución, y mantener el bienestar es una parte vital de ese proceso.

Este libro ha sido un recurso para entender la depresión, pero más importante aún, es un testimonio del poder de la resiliencia humana. Que cada lector se lleve consigo no solo un conocimiento más profundo de la depresión sino también una apreciación renovada por la fortaleza, la esperanza y la posibilidad que reside en todos nosotros.

Depresión: K.O. en el primer asalto
Miguel Ángel Segura

Cultivando la Esperanza y el Bienestar

Al reflexionar sobre el viaje a través de la depresión hacia la recuperación, es esencial reconocer la importancia de cultivar la esperanza y el bienestar como pilares fundamentales para una vida plena. Este libro ha explorado diversos aspectos de la depresión y ha ofrecido orientación para navegar el camino hacia la recuperación, destacando la resiliencia, el autocuidado y la importancia de buscar apoyo. Al cerrar este capítulo, es momento de mirar hacia adelante, llevando consigo las lecciones aprendidas y una renovada sensación de esperanza.

Esperanza como Faro: La esperanza actúa como un faro que guía a través de los momentos más oscuros. Es una fuerza motriz que impulsa hacia adelante, ofreciendo la promesa de días mejores y la posibilidad de cambio y crecimiento. Cultivar la esperanza es un proceso activo que requiere nutrir pensamientos y actitudes positivas hacia el futuro.

Bienestar Integral: El bienestar no se limita a la ausencia de enfermedad; es un estado de salud física, mental y emocional. Lograr un bienestar integral implica equilibrar diferentes aspectos de la vida, incluyendo el cuidado personal, las relaciones saludables, el trabajo significativo y el tiempo para el ocio y la creatividad.

Prácticas de Autocuidado Sostenible: El autocuidado es una parte esencial del mantenimiento del bienestar. Establecer y mantener prácticas de autocuidado sostenibles, que abarquen tanto las necesidades físicas como emocionales, es crucial para apoyar la recuperación a largo plazo y promover la salud general.

Conexión y Comunidad: Las relaciones y la conexión con

los demás son fundamentales para el bienestar humano. Buscar y nutrir relaciones de apoyo, así como participar en una comunidad, puede ofrecer una fuente vital de fuerza, consuelo y alegría.

Compromiso con el Crecimiento Personal: El viaje a través de la depresión hacia la recuperación ofrece numerosas oportunidades para el crecimiento personal. Aceptar estas oportunidades, aprender de las experiencias y esforzarse por ser la mejor versión de uno mismo son aspectos clave para cultivar una vida satisfactoria.

Mirar hacia el Futuro con Optimismo: Aunque el futuro puede ser incierto, abordarlo con optimismo y apertura puede marcar una gran diferencia en la percepción de la vida y en las experiencias vividas. Establecer objetivos significativos y perseguirlos con determinación puede ayudar a dar forma a un futuro brillante y esperanzador.

El camino hacia la recuperación de la depresión es tan único como las personas que lo recorren. Al cerrar este libro, recuerda que la jornada hacia la esperanza y el bienestar es continua, llena de aprendizajes, desafíos y triunfos. Con cada paso adelante, se abren nuevas posibilidades para vivir una vida enriquecedora, marcada por la resiliencia, la gratitud y una profunda apreciación por cada momento.

Un Llamado a la Acción

A medida que concluimos este viaje a través del libro, se hace evidente que la lucha contra la depresión y el camino hacia la recuperación no son solo una jornada personal, sino también un llamado a la acción colectiva. La sociedad en su conjunto tiene un papel crucial que desempeñar en la lucha contra el estigma, en el apoyo a quienes

Depresión: K.O. en el primer asalto
Miguel Ángel Segura

enfrentan desafíos de salud mental y en la promoción de un entorno más comprensivo y empático para todos.

Romper el Silencio: Hablar abiertamente sobre la salud mental y la depresión es el primer paso para romper el estigma. Al compartir nuestras historias y experiencias, podemos fomentar una mayor comprensión y eliminar los prejuicios asociados con estos desafíos.

Apoyo Activo: Cada uno de nosotros puede ser un aliado activo para aquellos que luchan con la depresión, ofreciendo nuestro apoyo, comprensión y compasión. Esto puede ser tan simple como escuchar sin juzgar, brindar consuelo o alentar a alguien a buscar ayuda profesional.

Promoción de la Salud Mental: Participar en la defensa y promoción de mejores servicios de salud mental y políticas públicas que respalden el bienestar mental es vital. Esto incluye abogar por el acceso equitativo al tratamiento y apoyo, así como por la inclusión de la educación sobre la salud mental en escuelas y lugares de trabajo.

Educación Continua: Comprometernos con la educación continua sobre la salud mental nos permite no solo apoyar mejor a los demás, sino también cuidar nuestra propia salud mental. Esto puede implicar aprender sobre las señales de advertencia de la depresión, las estrategias de afrontamiento efectivas y los recursos disponibles para el apoyo.

Construir Comunidades de Apoyo: Fomentar y participar en comunidades de apoyo, tanto en línea como en persona, puede proporcionar una red vital de ayuda y comprensión para quienes enfrentan la depresión. Estas comunidades pueden ser espacios seguros

Depresión: K.O. en el primer asalto
Miguel Ángel Segura

para compartir experiencias, consejos y esperanza.

Compromiso Personal con el Bienestar: Por último, cada uno de nosotros tiene la responsabilidad de cuidar de nuestra propia salud mental, practicando el autocuidado, buscando ayuda cuando sea necesario y manteniendo una actitud abierta y compasiva hacia nosotros mismos y hacia los demás.

Este libro puede haber llegado a su fin, pero el viaje hacia la comprensión y el apoyo a la salud mental apenas comienza. A través de nuestras acciones individuales y colectivas, podemos hacer una diferencia significativa en la vida de aquellos que enfrentan la depresión y trabajar juntos hacia un futuro donde el bienestar mental sea una prioridad compartida por todos.

Índice

Grupo Editorial Segura